JN142277

新しい
音楽鑑賞
知識から体験へ

久保田 慶一＝著

水曜社

はじめに

「鑑賞」という言葉は、日常的によく使う言葉です。「鑑」は「鑑定」という熟語にもあるように、よく調べて吟味する、いいものと悪いものを見分けるという意味をもっています。「鏡」と同じ偏をもっていることからわかるように、手本と見比べて判定することです。「賞」は「賞品」の賞であることからもわかるように、「貝」という字が入っているので、褒美として貴重なものを賜るという意味があります。つまり、鑑賞というのは、「芸術作品などをよく吟味して深く味わう」ということになります。これに対して「観賞」はどちらかというと、「見て楽しむ」というニュアンスがあります。

鑑賞に相当する英語は、アプリシエイション *appreciation* です。動詞のアプリシエイト *appreciate* は、ラテン語のアッププレティウム *appretium* に由来します。この言葉は *ap*（=*ad*）と *pretium* からなり、*ap*（=*ad*）は「〜へ」という接頭語で、*pretium* は英語のプライス *price* の語源にもなった言葉です。「価値」、すなわち「値打ちのあるもの」を指していて、アプリシエイションというのも「価値を置く」、「価値のあるものを見分ける」ということになるわけです。

ここからわかるように、何らかの曲を鑑賞するといった場合、すでにそれが価値のあるものであることが、前提になっています。ですから鑑賞では、実際に音楽作品を聴くという「行為」ではなく、作品の「価値」を理解することに、ウエイトが置かれてしまうのです。さらに音楽科という教科が学校教育に存在し続けるためにも、音楽鑑賞では楽曲の構造や歴史的・文化的背景を教え理解させ、それを言語化し、楽曲を評価することが求められたりもするわけです。学校での授業時間数が限られているなか、児童・生徒が学ばなくてはならないことが増加するという現状では、芸術系の教科の存在意義がそのようなところに求められてしまうのも、いたしかたないのかもしれません。

本書が提案する「新しい音楽鑑賞」は、音楽作品の「価値」を前提にする鑑賞ではなく、音楽を聴くという「行為」に注目する鑑賞法です。そのために後述します「ティーチング・アーティスト」（以下、ＴＡ）と呼ばれる音楽家の手法を活用します。この新しい音楽鑑賞によって、鑑賞は表現に匹敵する音楽教科の重要な役割を獲得すると言えるでしょう。さらに他の教科ではできない、児童・生徒たちの心の発達を支え、心を豊かにすることもできるでしょう。なぜならば、この「新しい音楽鑑賞」は、音楽を聴くという体験の主体である「私」自身を出発点にするからです。「知識より体験を」を重視する新しい音楽鑑賞は、「体験型音楽鑑賞」とも呼べるでしょう。

本書は音楽鑑賞の指導者を対象に書かれた、体験型音楽鑑賞の入門書ですが、特に、次のような３つの読者層を対象にしています。

第１の読者は、小学校から高等学校までの音楽科の授業を担当する教員の方々です。第６章で、各種の学校のための「学習指導要領」に記載された「鑑賞」に関する内容を比較したのも、そのためです。授業ではＣＤあるいはＤＶＤを使用しますが、教員が演奏家であるかのように聴衆となる児童・生徒に音楽を聴かせるわけですから、鑑賞の授業も立派な「音楽鑑賞」なのです。

第２の読者は、学校以外の場所での音楽鑑賞教室やコンサートホール以外での演奏会で、司会やファシリテーターを担当する人です。演奏前に聴衆とのコミュニケーションをとりつつ、鑑賞の導入をしたいときなどには、ぜひ本書に書かれたことを実践してください。このような場所で演奏を聴く人々の音楽の感じ方や考え方は、実に多様です。ひょっとしたら、クラシック音楽なんて大嫌いという人もいるかもしれません。このような人にこそクラシック音楽を楽しんでもらい、もう１度聴きたいと思ってもらえるようにしたいものです。

第３の読者は、コンサートホールで聴衆を前にして演奏する、特にプロやセミプロの人たちです。鑑賞の導入として行う場合の指南書として、ぜひ本書を活用してください。ここでの聴衆はクラシック音楽を聴くためにコンサートホールにまで足を運んでくれた人たちですから、導入といっても、これから演奏する楽曲の本質的な部分にまで触れて、聴衆を音楽の世界に導いてあげることができるでしょう。

本書では、文脈によって、児童・生徒と言ったり、聴衆と言ったりするので、鑑賞する状況が学校の授業なのか、演奏会なのかが判然としない場合もあるかもしれません。しかしこれから音楽を聴く人がどんな人で、これから音楽を聴く場所がどんな場所なのかについてはあまり気になさらず、おおまかに理解していただければ大丈夫です。

ここでお示しする方法を活用して、前述したようなさまざまな場面で、鑑賞指導したり案内役をしたりしている人は、すでに立派なＴＡと言えるでしょう。ＴＡについては、本書の第２章で詳しくお話ししますが、日本ではすでにこのＴＡに関する概説書が出版されています。アメリカでこの分野のパイオニア的存在であるエリック・ブースが2009年に出版した本で、筆者が友人２人の協力を得て翻訳した『ティーチング・アーティスト：音楽の世界に導く職業』（原題は "The Music Teaching Artist's Bible: Becoming a Virtuoso Educator"、水曜社、2016年）です。

この本は日本ではじめてＴＡの存在を詳しく伝えたのですが、原書の題名にある「バイブル（聖書）」という言葉が示すように、日本の音楽家たちがＴＡとして日々活動していくときの指針となり、また支えとなります。ただし、アメリカで発行されている『室内楽』という雑誌に連載された記事をまとめて単行本にして出版したせいか、記述の方法はあまり体系化されておらず、これからＴＡとして活動をはじめたいと思う人たちには、少々読みづらい内容かもしれません。

特に、楽曲へのアプローチの出発点となる「エントリーポイント」と指導者たちが実際に聴衆を指導していく方法となる「アクティビティ」については、必ずしも丁寧に説明されているわけではありません。実際に日本でＴＡとして活動したいと思っている若い音楽家の方々からも、エントリーポイントを見つけるのにはどうしたらよいのですか、見つけてもどのように活用して、聴衆を巻き込んだ「アクティビティ」を展開したらよいのですかというような質問を受けることが多いのです。

ブースの『ティーチング・アーティスト』は、コンサートホールでプロやセミプロの音楽家たちが、音楽経験のさまざまな人からなる聴衆を前にして、彼ら・彼女たちを音楽の世界に導くやり方を指南してくれています。本書で想定されている読者である音楽科教員が働いている学校に、いつも演奏家たちが来てくれて、生の演奏を聴かせてくれるのであれば、ＴＡが音楽鑑賞の導き手になることの効果は絶大です。しかしこのようなことは、年に１度あるか、ないかでしょう。

従って本書では、音楽科教員が授業の中でＣＤやＤＶＤなどを使用して行う鑑賞授業に役に立つエントリーポイントやその見つけ方、さらにエントリーポイントを活用したアクティビティについて、詳しく説明しています。もちろん演奏家の人たちも、学校での訪問演奏以外にも、ご自身の演奏会やその他の施設等での演奏の機会に、エントリーポイントを設定して、アクティビティを実施していただいてもかまいません。ＣＤやＤＶＤを使用しての鑑賞よりも、演奏家自身が楽器をもって、あるいはオーケストラを前にして行う方が、本書で示されたアクティビティよりも、さらに多彩で実践的な方法で、聴衆を音楽の世界に導いていくことが可能であることは、言うまでもないからです。

本書は理論篇と実践篇に分かれています。理論篇では、まずＴＡという職業について、芸術と教育というふたつの視点から説明します。そしてＴＡにとって、またＴＡとしての活動にとって、重要なことを４つ説明します。ひとつめは「個人的に大切なつながり」で、ＴＡは聴衆の１人ひとりが、これから聴く音楽との間に「個人的に大切なつながり」をもてるようにしてあげなくてはなりません。ふたつめは、これから聴く音楽に分け入っていくときの入り口となるエントリーポイントの見つけかたです。３つめは、このエントリーポイントを起点として、聴衆と音楽が双方的に関係しあう場を作るアクティビティを展開する方法です。そして最後は、音楽鑑賞が人の精神のスピリチュアルな側面に、どのような作用をもたらすのかについてです。ここで再び、芸術と教育の問題へと戻ってきます。音楽家はＴＡをめざし、音楽教師は「アーティスティック・ティーチャー」をめざすという方向性を明らかにしたいと思います。

実践篇では、具体的な楽曲を挙げて、その曲を学校の授業で鑑賞するときに必要なエントリーポイントとアクティビティを紹介したいと思います。クラシック音楽には数えきれないくらいのレパートリーがありますが、実践篇では５つのジャンル──独奏曲、室内楽、管弦楽、歌曲、受難曲・オラトリオ・オペラ──、各ジャンルに５曲、合計で25曲を鑑賞例として示しました。すぐに授業ができるように、音楽科の授業指導案のような形式にしてあります。これらの例を参考に、ご自分のエントリーポイントやアクティビティを考案して、鑑賞授業をしたり、演奏会を開催したりしていただければ幸いです。

2019年　小寒の候
清瀬にて

以下本書では、「ティーチング・アーティスト」は基本的にＴＡと略記した。
ただし、書名については、『ティーチング・アーティスト』と表記してある。

新しい音楽鑑賞
知識から体験へ

実践篇

理論篇

第1章
これからの音楽鑑賞を考える

第1節 私と音楽鑑賞

最初に私自身がこれまで音楽鑑賞をどのように指導してきたのか、そしてその過程でどのような課題に直面してきたのかについて、お話ししておきたいと思います。

筆者の専門領域は西洋音楽史や音楽理論で、音楽学部（学科）や教育学部で教鞭をとって、35年になります。音楽学部や教育学部で学ばれた読者も多いでしょうから、音楽史や音楽理論の授業で、音楽鑑賞がどのような形で行われているのかも、おわかりと思います。たとえば、シラバスで「バッハの生涯と音楽」と記された音楽史の授業であれば、「ここでバッハの教会カンタータを1曲聴いてみましょう。バッハの若いころの作品で、アリアやレチタティーヴォのような楽章に分けられていないのが特徴です。この点に注意して聴いてください」といった前置きをしてから、学生たちにその曲を聴いてもらいます。どのような視点で聴けばよいのかを前もって示してあるばかりか、音楽が楽章に分化されることなく未分化な状態にあるという知識を与えておいて、それを確認するために音楽を聴いてもらうわけです。ここでは、学生それぞれがその音楽を聴いてどのように感じたのかということは、あまり重要ではありません。

しかし最近の大学教育では、学生たちにも積極的な参加を促す学修――主体的・対話的な深い学び――が推奨されていますので、詳しい説明をせずに、最初にバッハの教会カンタータの若いころの作品とライプツィヒ時代のアリアとレチタティーヴォにはっきりと分かれた作品を聴き比べます。そこからふたつの楽曲の相違などについて、ディスカッションをして、楽曲の理解を深めるという授業を展開することもあるかもしれません。しかしこのような場合でも、音楽鑑賞の目的が、バッハの生涯と創作の関係、ここでは教会カンタータの構成が作曲された時期によって異なるという事実を伝えることに変わりはないわけです。あくまでも知識の伝達が主であって、音楽鑑賞は与えられた知識を確認するために行っていると言えるでしょう。

私はこれまでにコンサートのためにプログラムノートを多数書いてきましたが、これを書く目的も、前述した授業の場合と、大差ないでしょう。しかし最近では、演奏者自らがプログラムノートを書く場合もありますので、そのときは「曲目解説」とは少し趣が異なり、これからお話しするＴＡが聴衆に対して行うことにも通じると言えるのかもしれません。しかしプログラムノートは確かに演奏者からのメッセージであるわけですが、会場のすべての人がこれを読むわけではありません。「演奏前には必ず読んでおいてください」というわけにはいかないでしょう。

筆者はここ 10 年の間、高等学校で使用する音楽科の教科書の編集に携わっています。編集では教科書全体に目配りをしますが、音楽鑑賞のページにはことのほか力を注いできました。近年の音楽科の教科書にはイラストや写真などが多数掲載され、とてもカラフルになっていますので、鑑賞の授業の方法や材料を提供するにしても、私はできるだけ視覚的効果が活かせるように配慮してきました。これらの視覚的教材を使った鑑賞授業が、実際にどのように展開されるのかは、私にはわかりませんので想像するしかないのですが、イラストや写真を多数見るにしても、音楽を聴くための知識を提供していることには、変わりはないでしょう。もっともこれは教科書である以上、いたしかたないことなのかもしれません。

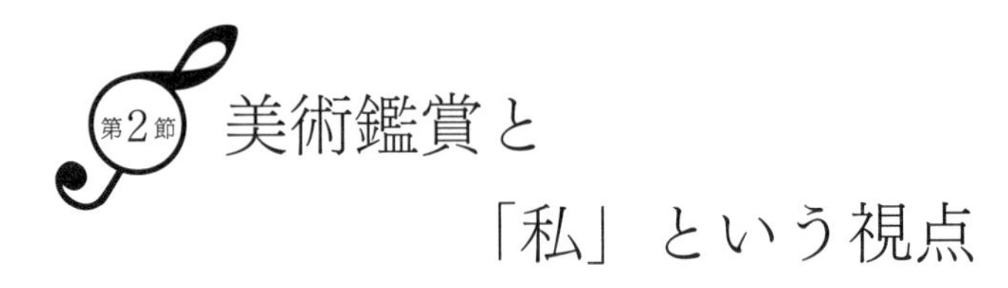

美術鑑賞と「私」という視点

教科書を編集した立場として、高等学校の音楽科教員の方々の研修会で、音楽鑑賞の指導方法について講演したことがありました。日ごろ授業をされている教員の方々の役にたつような、音楽鑑賞の理論についてお話をしたいと思って、そのときに美術科教育ではどのように鑑賞教育が行われているのかを、少し詳しく調べました。

鑑賞教育は音楽だけに限りません。美術、映画、文学、演劇など芸術と呼ばれるジャンルのすべてについて、鑑賞やその方法、さらに鑑賞教育という問題や課題が存在します。こうしたさまざまなジャンルの中で、鑑賞教育分野での研究が比較的進展しているのが、美術教育の分野であると思いました。その理由としては、ふたつぐらいあると思います。

ひとつは、音楽や文学などの時間芸術と異なり、美術作品は「モノ」として存在していますので、作品の実物やレプリカを前にして、ゆっくりと説明を聞いたり、観察できたりするという利点があります。メモをとることもできますし、いっしょに見ている人やキュレーター――かつては「学芸員」と呼ばれていました――とも作品について会話することができます。つまり、鑑賞という行為を固定して、対象化しやすいという好条件があるわけです。

もうひとつは、美術作品を展示するには美術館という場所があり、そこにはキュレーターという専門職の方がおられて、美術品の管理や展覧会の企画などについて、いつも考えておられるからだと思います。これは何と言っても、美術館の強みです。

しかしコンサートホールにキュレーターに相当する専門職が配置されているのは、日本ではごくまれです。たいていのホールは単なる貸ホールです。欧米のコンサートホールやオペラ劇場には、キュレーターに相当する仕事をする専門職が配置されています。これはホールや劇業が運営主体となって、コンサートやオペラの公演を実施しているからだと思われます。

筆者が最も関心を抱いたのは、ロンドンにあるテートギャラリーのキュレーターたちによる鑑賞教育の手引きでした。『美術館活用術～鑑賞教育の手引き～』と題されたこの本で展開された美術鑑賞のモデルは、「アートへの扉」と呼ばれます。「私」が作品の世界に入っていくために、３つの「扉」が用意されています。

そしてこの扉を通して、「私」は作品と対話し、その交流を通して、意味や価値を見出していくのです（図表 1-1）。

図表 1-1：アートへの３つの扉

「アートへの扉」のモデルは、「私」の反応で始まりますが、作品の物質的な存在、その主題、そしてその文脈も考慮に入れ、批評的かつ創造的に作品解釈に取り組んでいくプロセスを提示しています。作品をどのように読み解くとしても、「私」からの反応は生命源（ヴァイタル）となる部分です。しかしその反応は、見ることの鍛錬と、当初の作品に対して自分たちが抱いていた思い込みにさえ挑んでいこうとする勇気とによって、その深さと広がりを変えていくにちがいないのです」（『美術館活用術～鑑賞教育の手引き～』p.54 より）

筆者にとって新鮮だったのは、この「私」という視点でした。自分の内面を言葉で表現するのではなく、作品との対話を通して、「私」自身、「私」の世界、「私」の経験へと、鑑賞者のまなざしを向けることを、主張してくれたことでした。勇気をもって「扉」を開き、作品と対話し、それによって「私」の過去と現在をつなげ、新しい未来を創造していくという視点は、「モ

図表 1-2　ロンドン・テートギャラリー編 『美術館活用術〜鑑賞教育の手引き〜』
（奥村高明・長田謙一監訳、2012 年）, pp.53-65 より、筆者図解

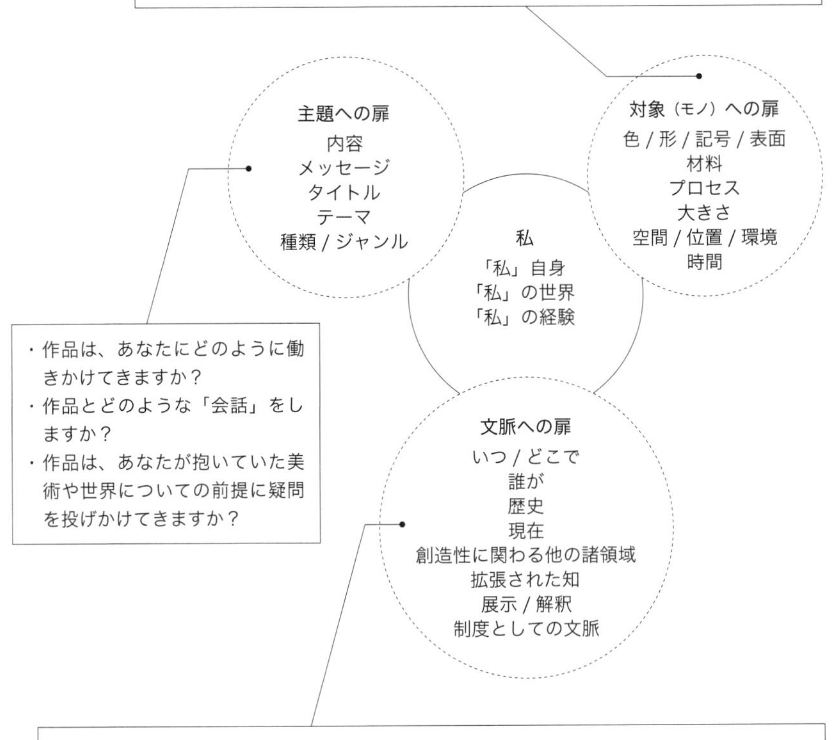

ノ」という美術作品を目の前にした鑑賞者に向けられたものであっただけに、より大きなインパクトを私に与えてくれたのです。

この鑑賞モデルによって、鑑賞者は作品の新しい見方を自らの力で開き、その視野はこれから見る他の作品や「私」自身の新たな可能性にも広がっていくことに、音楽鑑賞について思い悩む筆者は、新しい可能性を垣間見ることができたわけです。絵画を見たり、音楽を聴いたりするのが「私」であることは、当然の事実ですが、作品との対話が「私」という主体の成長を促し、「私」が更新し続けるという、鑑賞という行為に内在するエネルギーの存在に、私は音楽鑑賞の将来のための一条の光を見ることができたのです。

図表1-2は、「アートへの扉」を筆者なりに整理したものです。「私」を出発点として、私が作品の内実に入っていくための「扉」が３つ用意されています。「主題への扉」は作品の表現についての情報への、「対象（モノ）への扉」は「モノ」としての情報への入り口です。そして「文脈への扉」は作品が制作された背景についての情報へとつながります。それぞれの「扉」の吹き出しには、鑑賞者と作品の対話を促す質問事項が整理されています。もし好きな絵画などがあれば、これらの質問に答えて、作品の扉を開けてみてはどうでしょうか。

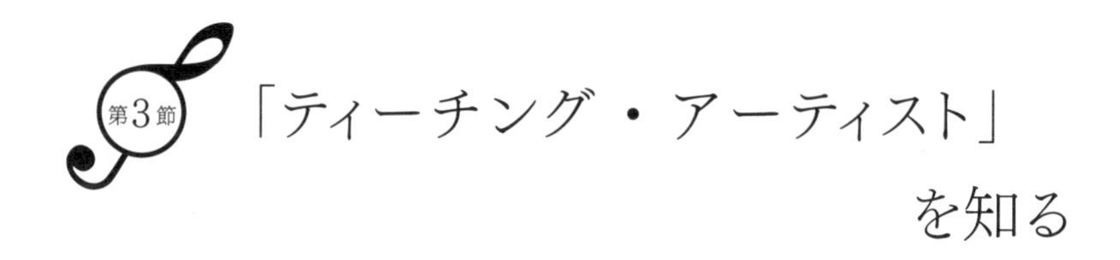

第3節　「ティーチング・アーティスト」を知る

これまでの話は音楽鑑賞を巡る私の実践報告であり、自らの課題を見つける探索の旅でした。そして４年ほど前に、ある友人からエリック・ブースのＴＡの概説書を翻訳しないかともちかけられました。「ティーチング・アーティスト」という言葉は知っていましたが、ＴＡは主に美術教育の分野で活躍する人たちのことだと思っていて、音楽のＴＡについて思い及ぶことはありませんでした。
『ティーチング・アーティスト：音楽の世界に導く職業』という邦題で翻訳書が出版されたのは、数年前（2016年）です。翻訳の途中で、音楽鑑賞を巡るこれまでの私のもやもやとした考えは、ふっとびました。ＴＡの手法は、本来演奏家が活用するものでしたが、学校教育においても音楽教師が利用すれば、たとえＣＤを聴くにしても、演奏家が目の前で演奏してくれたときと同じ感動を、児童・生徒にもたらすことができるにちがいないと、思うようになったからです。
後で詳しく述べますが、ＴＡは「知識より体験を」重視します。そして音楽を聴く人にとって「個人的に大切なつながり」をもてるように、聴く人をサポートするのです。これによって、１人ひとりの心の成長が促されるわけです。決して知識を確認するために音楽を聴くのではありません。音楽を聴くことによってのみ、聴いている「私」が成長していけるのです。このことが音楽鑑賞にとって必要であり、こうした音楽鑑賞こそ、学校教育において実践されていくべきではないかと考えるようになったのです。
第６章で、新しい学習指導要領やそこで提唱されている「主体的・対話的な深い学び」との関係について述べますが、そこでもＴＡの手法を活用した音楽鑑賞がこれからの鑑賞教育の重要な担い手であることを、大いに強調したいと思います。
筆者自身も、音楽は人それぞれに楽しんで聴けばいいのだと思っています。ましてや音楽科の授業で、この音楽はこういう聴き方をすべきだと、子どもたちに教える必要など、毛頭ないとも主張しています。しかしちょっとした工夫で、音楽のすばらしさをすべての子どもに経験させることができるということを、忘れてはなりません。その工夫こそ、ＴＡのスキルです。ＴＡは音楽と教育のスキルをもった専門家です。学校にはこのふたつのスキルをもった音楽科教員がおられるわけですから、ぜひとも本書で紹介する方法を取り入れて、音楽鑑賞の授業を展開してもらいたいものです。
まずは読者の方々に、音楽におけるＴＡとはどんな人なのか、そしてどんなことをして、そのためにはどのような能力や資質をもっていなくてはならないかを、知っていただきましょう。

第2章

ティーチング・アーティストのスキルを活用する

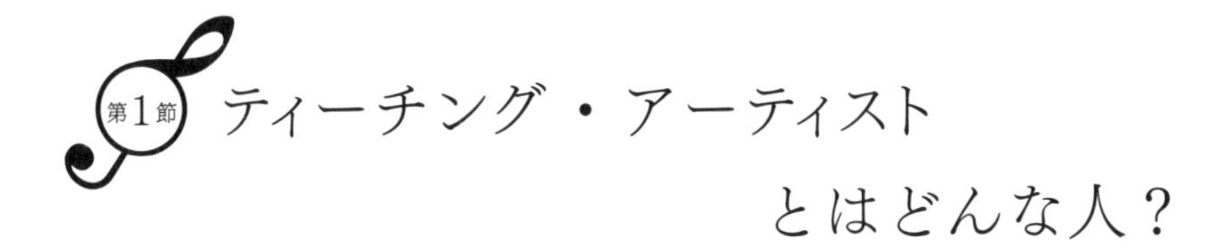

第1節 ティーチング・アーティストとはどんな人？

(1) ティーチング・アーティストの仕事

ＴＡとは、どんな人なのでしょうか。直訳すれば、「教える芸術家」となります。ＴＡの分野で「聖書」のような存在になっている本が、前述したブースの『ティーチング・アーティスト』です。そこでは、ＴＡは「芸術を教えるだけでなく、芸術を通して人を教育することを、仕事の一部としている人」と定義されています。あるいは、「21世紀の芸術家のモデルのひとつがＴＡで、それはまた教育分野における高度な参加型学習のモデルでもあります」と、職業としてのＴＡについての将来とその最も重要な方法、すなわち「参加型学習」を示しています。

ごくごく一般的なコンサートでは、演奏家はステージに登場すると、お辞儀をして、おもむろに演奏をはじめます。聴衆はその演奏に静かに耳を傾け、演奏が終わると盛大な拍手をするでしょう。そして演奏家もそれに応えて、やがてステージを後にします。このような演奏会でも、聴衆は演奏家の演奏する姿を見たり演奏を聴いたりすることで、演奏家と互いにコミュニケーションをしていると言えるかもしれません。しかしこれは一部の聴衆であって、聴衆の中には気もそぞろに、コンサート終了後に行くレストランのことを考えている人もいるかもしれませんね。またあまりクラシック音楽は好きではなく、お義理で来たという人もいるかもしれません。

しかしもし演奏家がステージに登場して、これから演奏するメロディーを演奏して、「さあ、みなさん、このメロディーを口ずさんでください」と言ったらどうでしょう。会場の人たちは何度かそのメロディーを口ずさんでいるうちに、すっかり覚えることができたとしましょう。そして演奏家はこう言います。「これから皆さんに聴いていただく曲では、今皆さんが口ずさんでくれたメロディーが、何度も登場します。でも、いつも同じというわけではありません。メロディー自身が変化している場合もありますし、背景にある音楽が変化している場合もあります。さあ、皆さん自身で聴きながら、このメロディーの変化を追っていきましょう」そうして演奏をはじめます。

この演奏家は演奏する曲が「変奏曲」であることを説明していません。またどのように変奏されるか、いわば曲の聴きどころも説明していません。ただ教育的な配慮として、最初にテーマを覚えてもらって、このメロディーや背景の音楽が変化するということだけを教えたのです。聴衆は、楽曲についての知識を得る前に、楽曲の、ここでは変奏曲の主題を、実際に口ずさむという「体験」をしています。さらに「このメロディーを少し変化させてみましょう」と言って、参加者全員でメロディーを変化させて、どのような形になるのかを探究してもいいかもしれません。そうしておけば、実際に変奏曲を聴いたときに、作曲家がどのような方法で変化させたのか、自分たちが探究した方法の中のどれを選択したのかを、発見できるでしょう。

このように「知識より体験」を優先して演奏を行う演奏家は、まさにＴＡと言えるでしょう。芸術家（演奏家）として演奏をしていますが、聴衆に体験してもらうための教育をしているからです。演奏するためにスキルが必要であることは当然ですが、教育するためのスキルも必要でしょう。聴衆が子どもであるのか、成人であるのか、高齢者であるのかによって、同じ内容を伝えるにしても表現の仕方も異なってくるからです。また何を体験してもらうのかを決める際にも、音楽分析や楽曲だけの理解だけでなく、自身の価値観や経験なども影響してきます。ブースは言います。「私たちが教える内容の80％は自分自身である」と。「音楽家であるということが何を意味しているのかを、自分の行動を通して教える」のが、ＴＡだというのです。だから演奏と同じ程度に、うまく教えることができなくてはならないのです（図表2-1）。

図表2-1　ＴＡは演奏家であると同時に教育家でもある

2

(2) ティーチング・アーティストのためのガイドライン

ＴＡに必要とされるスキルについては、ブースの『ティーチング・アーティスト』の第１章第３節「ティーチング・アーティストのためのガイドライン」に詳しく説明されていますので、本書では学校での鑑賞授業に必要と思われる、つまり音楽科教員に必要とされるスキルについてのみ、簡単に説明していきたいと思います。実際に、ＴＡとして活動する人はブースの説明を読んでもらいたいと思います。ただし非常に興味深いことですが、ブースは学校のことがよくわからないであろう音楽家のために、ガイドラインを書いていますので、今現在、学校で教員として児童・生徒を教育されている教員の方々には必要のないことが、少なからず書かれているのも事実です。

ブースは全部で、25のガイドラインを示しています。本書では学校の鑑賞授業のために必要なことのみを説明していくわけですが、ガイドラインの全項目だけは、次ページに示しておきたいと思います。

ティーチング・アーティストのためのガイドライン（全 25 項目）

1. 人間関係を最優先すること
2. 知識より体験を
3. 自己肯定感を引き出す
4. 生徒たちを知る
5. 目標からプラニングする
6. 徹底してプラニングする
7. 楽しみを忘れない
8. 教室をコントロールする
9. 教えたいことを明確に
10. 仕事の環境を整える
11. 学ぶ人を中心にすること
12. あなたが提案するアクティビティを練習する
13. 足場を組む：ステップ・バイ・ステップ
14. 振り返りを忘れない
15. プロセスと結果のいずれに焦点を当てるのか、そのバランスをとる
16. 観察と解釈を分けること
17. 証言者となる
18. 選択をしてその意味に気づく
19. 質の高い質問をする
20. 担任教師と共同する
21. ウォームアップのためのアクティビティを利用する
22. カリキュラムとのつながり
23. 教師とのミーティングを計画する
24. フレッシュさを保つこと
25. 80% の法則

第2節 ティーチング・アーティストにとって大切なこと

(1) 芸術と教育とのむすびつき

前の章でもお話ししましたが、芸術作品を鑑賞するとき、私たちはそれぞれが、「私」や「私」の世界にない「価値あるもの」を知り、経験することを目的のひとつとしています。新しい世界を経験することで、新しい「私」を創造し、今に生きていることを実感できると言えるでしょう。しかし芸術作品にただ対峙しているだけでは——音楽で言えば、音楽をただただ聞き流しているだけでは——、私たちは「価値あるもの」に出会い、そのことで新しい「私」を創造していくことはできません。

ブースはこうした未知の世界との新しい遭遇という経験の内在化という行為と、教育がもたらす学習とは大いに共通すると言います。すなわち、「芸術と学習の主たる活動は、自分自身と新しいことがらとの間に、自分なりの関係を築くことです」と語っています。そして「ＴＡの仕事というのは、人を体験に誘い自らで体験してもらうこと」を目的にしており、「人々に参加を促し、成功をもたらすのです。楽しく、そして人を変えてしまう」と述べ、ＴＡが単なる演奏家でも、単なる教育家でもなく、それどころかその活動は、人の人生を変えてしまうことのできるスピリチュアルな仕事であるとも言っています。また「ＴＡは音楽活動を通して、自分自身のスピリチュアルな世界を表現するのです。お互いを尊重しながら、勇気をもって、創造的に、このことを切望しているのです」（第８章第２節より）と語っています。

音楽の場合には、実際に演奏を聴くという行為が必要となってきます。しかもその行為の時間は自分で決めることはできません。多くの場合、楽曲の演奏時間が、私たちの鑑賞という行為の時間となります。そして、この一定の時間の経過の中に、音楽が存在して、私たちは音楽を聴いている間、あるいは場合によっては聴いた後に、「私」にとっての「価値あるもの」を見つけ、新しい「私」の創造の源にしていくわけです。鑑賞は実際に音楽を聴いて、「価値あるもの」を新しい「私」の創造の源に変える「消化・吸収」のプロセスと言えるでしょう。そうなると、私たちは音楽を聴く前に、音楽の世界に入っていくための「入り口」を見つけておいて、「私」にとっても「価値あるもの」を経験する道筋を知っておくことが必要となるでしょう。

ＴＡが演奏前に行うさまざまな活動の目的は、次の３つに集約できます。ひとつは、「価値あるもの」、すなわち楽曲との「個人的に大切なつながり」を、聴く１人ひとりに発見してもらうことです。ふたつめは、その発見につながる、楽曲への「入り口」——「エントリーポイント」と言います——を見つけて、３つめは、そこから実際に楽曲を体験する活動——「アクティビティ」と言います——を行うことです。ここではごく簡単に、これら３つについて説明しておきましょう（図表2-2）。

図表2-2　ＴＡの活動の目的

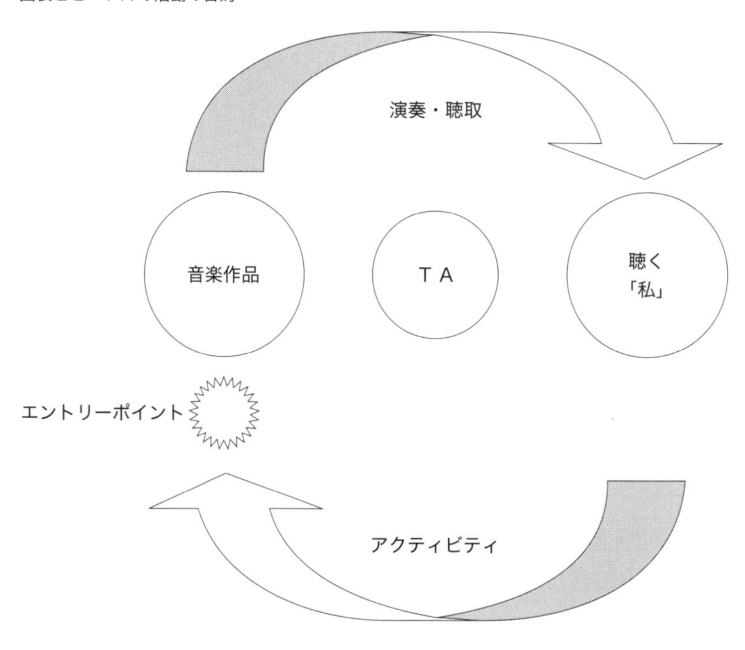

(2)「個人的に大切なつながり」を見つける

コンサート会場でも教室でも、演奏家や教師が聴衆や児童・生徒の１人ひとりに向き合うことはできません。せいぜい全体に質問をして、「だれか答えてくれる人はいますか」という呼びかけに答えてもらうしかありません。

しかしＴＡは人々が音楽作品と個人的に重要な関係をもてるように、その能力をサポートしてあげることを目的にしています。つまり、ＴＡは個々の参加者が音楽作品と関わりあえるようにし、その人にとって重要なやり方で、音楽作品を説明してあげるのです。参加者１人ひとりの「私」を前提にして、音楽作品と個人的なつながりをもてるようにサポートするわけです。音楽芸術作品の「扉」を開けて、そこから音楽の世界に入っていくのは、１人ひとりの「私」でしかありません。しかし音楽作品を理解できるのは、訓練を積んだ者にしかできないと考えてはいけません。指導する人たちは聴衆の１人ひとりが生まれもった「音楽の力」を無視してはいけないわけです。

もし自分だけのつながりを見つけることができれば、それは大いなる喜びとなるでしょう。そして児童・生徒たちは新しい「私」を創造し、さらに別の芸術作品との新しい対話を求めるようになるでしょう。では、実際に「個人的に大切なつながり」とはどのようなものなのでしょうか。

つながりは「個人的」ですので、個々に「これがつながりです」と言えるわけですが、いくつかの種類には分類できるかもしれません。もちろんこの分類は最初から理論的に考えられたものではなく、これから詳しく説明をします「エントリーポイント」や「アクティビティ」について、これまで実践されてきた例――実際にはブースの『ティーチング・アーティスト』で紹介された例と筆者がこれまで実践してきた例――から、いくつかの傾向を指摘したものにすぎません。ですから、今後、さまざまな実践例が蓄積されていけば、分類の方法やそこに指摘できる傾向も変わっていくはずです。

① アクティビティに参加することで得られる「共感」
② 演奏前に聴いた音楽的要素を発見する「喜び」
③ 楽曲の構造や構成を聴いて確認できる「知的満足」
④ 過去の経験や自分の心情を、音楽を通して追体験する「感情の惹起」

「共感」、「喜び」、「知的満足」、「感情の惹起」はいずれも個人的なものです。「喜び」となるもの、知的な関心が抱けるもの、これらはすべて人によって異なります。たとえ学校の音楽の授業であっても、児童・生徒が同じような所に、同じような「喜び」を得る必要はありません。子どもたちの発達や経験の度合いに応じて、自分の世界を広げ、人間的に成長してくれることが望まれるでしょう。

図表 2-3　ＴＡは聴衆１人ひとりが「個人的に大切なつながり」を見つけるためのサポートをする

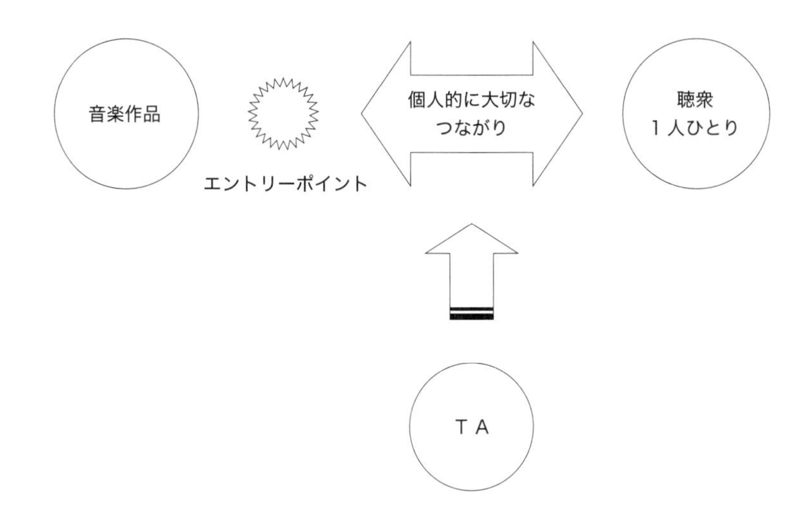

(3) エントリーポイントを見つける：「知識より体験を」

エントリーポイントは直訳すれば「入り口点」です。「侵入地点」と訳してもいいかもしれません。ＴＡたちは、このエントリーポイントをどのように理解しているのでしょうか。今後、鑑賞の指導者となる人には、よく理解しておいてもらいたいと思います。なぜなら、エントリーポイントとして何をどのように設定するかで、鑑賞前の指導の成否が決まるからです。

実のところこの仕事はそう簡単にはできなくて、筆者も四苦八苦します。しかしエントリーポイントやそれに基づく、後で説明しますアクティビティについて、実際にあれやこれやと考えているときが、一番楽しいという面もあります。きっとエントリーポイントを見つけ、アクティビティを考案する行為そのものが、きわめて創造的であるからでしょうね。

つながり方は「私」によって、あるいは芸術作品によっても、異なってきます。だからこそブースは「『関係付け』(中略) は世界で最も小さな創造行為です。人々は創造を通してこのことを成し遂げなくてなりません」と言うわけです。ＴＡのやり方の基本はすでに述べたように、「知識より体験を」です。知識を与えるよりも、児童・生徒たちに参加を促し、彼らが積極的にこれから聴く音楽作品に関わりをもってもらうことを、最優先にするのです。

エントリーポイントの見つけ方については、第４章で詳しく説明します。加えて、実践篇で紹介する事例を参考にしてください。ここでは、前述した「個人的に大切なつながり」の傾向に対応したエントリーポイントの例を、簡単に紹介するだけにしておきたいと思います。

① アクティビティに参加する
- 主題を自由に変奏する
- リズム打ちをして楽曲の序奏にする
- 自分たちでオーケストレーションして演奏をしてもらう　etc.

② 演奏前に音楽的要素を聴いておく
- 楽器の特殊奏法とその音色を聴いておく
- 音や旋律の重なりの効果を聴いておく
- 楽曲展開の中心的なリズムを知っておく　etc.

③ 楽曲の構造や構成を確認しておく
- 主題動機の配分の可能性を確認しておく
- 変奏のプロセスを確認しておく
- 声部の組み合わせを確認しておく　etc.

④ 過去の経験や自分の心情を想起しておく
- 題名や歌詞から過去の経験を想起してみる
- 題名や歌詞について自分の感じることを言葉にしてみる
- 作品成立の背景を学んで作曲者の心情を想像しておく　etc.

(4) アクティビティ：「プロセスと結果のバランスが大切」

ここでの目的は、子どもたちが音楽作品と「個人的に大切なつながり」がもてるようにすることですから、その目的を達成するまでのプロセスが大切になります。そのプロセスは「探索の旅」と呼べるかもしれません。その旅の出発点こそが、エントリーポイントなわけです。

旅は楽しいものでなくてはなりません。決して児童・生徒に迎合することなく、音楽作品に固有な方法で、旅を楽しいものにしていかなくてはなりません。ＴＡの活動では、いつも「遊び」の要素が重視されるのはこのためです。また音楽の授業に「遊び」を入れるという奇跡は、演奏家（ＴＡ）なり、音楽の専門教育を受けた音楽科の教員（アーティスティック・ティーチャー）にしかできないことでしょう。

ＴＡの手法を活用する指導者たちは、積極的に聴衆を参加させる方法を用います。ときに聴衆に体を動かしてもらったり、意見や感想を言ってもらったり、作業をしてもらったりもします。このような活動を「アクティビティ」と呼んでいます。聴衆と演奏家たちとの相互交流がより活性化されていきますと、いわゆる「インタラクティヴ演奏会」と呼ばれるものにも近づいていきます。

探索の旅は楽しいものでなくてはならないのですが、ただ面白おかしければいい、というわけではありません。事前に綿密な計画を立てておく必要があります。即興を入れることも、前もって計画しておかなくてはならないのです。そして児童・生徒たちに、その場その場で適切な質問――「今の楽器は何でしたか？」という正解のある質問ではなく、「演奏がすばらしいと思わせたのは、音楽のどのような所でしたか？」などの答えがオープンな質問――をして、自分たちが経験したことを反省して、一歩一歩、芸術作品の扉に向かい、そこから作品の神髄へと進んでもらう必要があります。

ブースはこう言います。「芸術のプロセスは速くて内容が詰まっているので、参加者たちには立ち止まってもらって、芸術家たちがどのようにして創作しているのか、彼らの選択が何に基づいて行われたのかに、注意を向けてもらうようにしなくてはなりません。さもないと、学ぶ目標を見失ってしまうのです」。

でも、いつも足下だけを見て登山するのは苦痛ですので、ときどき頂上を仰ぎ見ることも必要です。授業の途中で、「では、実際の曲ではどうなっているのか、聴いてみましょう」と言って、クライマックスの部分を前もって聴いてみるのも、効果的かもしれません。ブースが言うように、「プロセスと結果のいずれに焦点を当てるのか、そのバランスをとる」ことが大切なのです。

(5) 音楽鑑賞とスピリチュアルな世界

ここで突然に「スピリチュアルな世界」が出てきたと、思わないでください。宗教のことを云々しているわけではありません。宗教は確かに人のスピリチュアルな世界に根ざしているのですが、スピリチュアルな世界というのはより広くより深い世界で、人間を人間たらしめている精神性と言っていいかもしれないのです。

ブースは著書の中で、こんな例を挙げて、「スピリチュアルな世界」を説明しています。子どもたちが理科の授業でカエルの解剖をしているときに、子どもたちが生命の大切さやその神秘に気がついたときに、それは宗教的で理科には関係ないからと言って、子どもたちの内面での気づきを無視するべきではないと言います。またその逆に、ある敬虔なクリスチャンである作家がキリスト教に根ざした小説を書いて、私たちがそれを読んで、人間に対する深い愛を感じたとき、それが宗教的行為だとは思わないでしょう。

本書の実践篇で、プッチーニのオペラ『ラ・ボエーム』を紹介しています。主人公のミミは病に侵されて若くして死んでしまいます。筆者が設定したエントリーポイントは、「愛する人が抗しがたい理由で死んでいくとき、家族、恋人、そして友人であるあなたは、どのような行動をしますか」という問いです。アクティビティでは自分１人で考えたり、グループディスカッションをしたりしますが、１人ひとりが自分の経験からそれなりの答えを見つけ出すでしょう。またそのプロセスでさまざまな感情を経験するでしょう。そして実際の鑑賞では、オペラの登場人物の感情に思いをはせて、また作曲者のプッチーニはどのような音楽を付けたのかを考えながら聴くわけです。

このような準備をして実際に音楽を聴くと、人の感情は大きく揺さぶられ、涙する人も多いでしょう。音楽が「情操教育」であるというのも、まさにここにおいてです。音楽は人の感情を揺さぶり、感情を浄化し、そのプロセスを通して、人は自らの精神性を高めていくと言えるでしょう。このような意味で、ＴＡの手法を活用した音楽鑑賞は、人を自らの奥深いスピリチュアルな世界に導いてくれるわけです（図表2-4）。

図2-4　従来の鑑賞方法とＴＡのアクティビティ実施後の鑑賞の違い

■ 従来の鑑賞方法

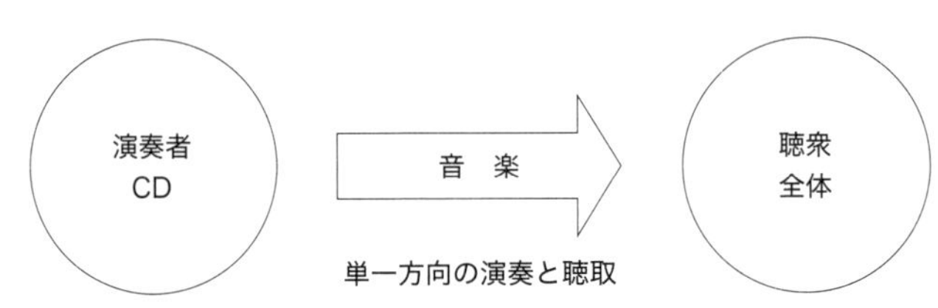

■ＴＡのアクティビティ実施後の鑑賞

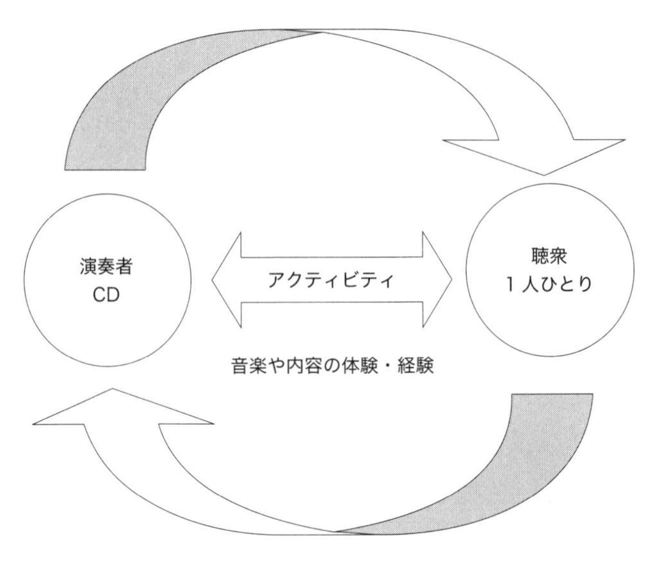

第3章 「個人的に大切なつながり」とは

音楽を聴くといっても、聴き方は各人各様です。驚いたり、なるほどと納得したり、喜んだり、そして心揺さぶられて過去の思い出に浸ったりと、本当にさまざまです。音楽をひとつの方法や方向性だけで聴くのではなく、ＴＡの手法を活用して、音楽のさまざまな聴き方を創出してください。これもまた「創造的な」仕事であると言えるでしょう。

ここでは、音楽を聴く人１人ひとりにとって、何が大切になるのかを、考えてみたいと思います。ＴＡや鑑賞教育の指導者にとっても、それは最も大切にしなくてはならない重要なことでもあります。

共感

従来の演奏会や観賞授業では、聴衆は演奏家が提供する音楽に静かに耳を傾けるだけでした。音楽の訓練を受けた人であれば、このような聴き方こそ、無常の喜びをもたらしてくれるものでしょう。チケットを購入して演奏会に来てくれる人には、演奏以外に余計なものを提供する必要などありません。

しかし演奏会場以外の場所に、演奏家自らが赴いて演奏をする場合に、そこに来てくれる人はさまざまです。なかには音楽は好きだけど、クラシック音楽なんて大嫌いという人もいるかもしれません。そのような人にどうしたらクラシック音楽を聴いて楽しんでもらうのかは、難しい問題です。

ＴＡたちがこうした課題を解決するために考案した方法が、演奏前に聴衆の人たちを巻き込んだ、遊びの要素がふんだんに含まれた活動――これをＴＡの人たちは「アクティビティ」と呼んでいます――なのです。

ＴＡの簡単な質問に答えたり、話を楽しんだりという場合もありますし、ゲームをしたり、手拍子をしたりもします。しかしこれらの活動のすべてが、これから演奏される音楽に関係していなくてはなりません。

たとえば、簡単なリズムの手拍子からはじめて、だんだんリズムを複雑にしていきます。これはゲーム感覚で楽しめますね。そして徐々に複雑になっていくリズムのプロセスと同じことが、今聴いている音楽から聴こえてくると、どんな気持ちになるでしょうか。リズム遊びのときの楽しさがよみがえり、今聴いている音楽も楽しく聴けるのではないでしょうか。最後には、この曲を聴く楽しさは、リズムが次第に複雑になっていくプロセスだと、経験を通して理解することになります。「ああ、なるほどね」という、まさしく納得感があり、演奏者や聴いている人たちとの「共感」も、ここに生じるわけです。

第2節 喜び

音楽を聴いていて、知っている旋律が聴こえてくると楽しくなるのは、多くの人が経験しています。よく知られた曲、たとえば、フランス国歌となっている「ラ・マルセイエーズ」を作曲者が意図的に引用して、フランス革命の理念などを象徴させる場合があります。もしフランス国歌を知らない、あるいは忘れてしまったという人のために、演奏前にその旋律だけを演奏したり、実際に歌ったりしてもらっておくというのも、効果的です。

筆者があるオーケストラの演奏会で実践した例ですと、ハイドンの交響曲『太鼓連打』の冒頭に登場する「太鼓連打」なども、「第１楽章の最後の方にもう１度出てきますよ」と最初に伝えておくだけでも、２度目に「ドロドロドロ……」と聴こえてくるのがわかると、楽しいものです。演奏後に休憩となったのですが、ロビーでは、「ねえ、２回目のドロドロドロ、わかった？」という話をしていた方がおられたそうです。筆者はこのことを１か月後に知らされたのですが、内心、「うまくいった」と思いました。

しかし「ラ・マルセイエーズ」の場合、「主題が変奏されて登場しますので、注意深く聴いてください」と伝えておくだけというのは、あまり感心しません。クイズのようにも思えてしまって、是が非でも発見しようと注意深く音楽に耳を傾ける人がいたとしたら、音楽そのものを楽しむどころではなくなってしまうでしょう。また「私にはそんな難しいことはわからない」となって、曲を聴く前から興ざめになってしまうのも困ります。また音楽分析をするような聴き方を要求して、「主題の場所はどこですか」とか、「何調に転調しますので、注意して聴いてください」と言ったとしても、ほとんどの人には何の関心も呼び起こさないでしょう。

音楽をワクワクしながら聴けるように、エントリーポイントやアクティビティを工夫する必要があります。

第3節 知的満足

音楽学習の経験があって自称「クラシックファン」という人だと、知的に満足できないと、聴く意味や楽しみがないという人もいます。そういう人ばかりが集まっている場所では、とことんマニアックな話をしてあげてください。音楽家であるあなたも、聴いている人も大いに満足できるでしょう。

しかし一般的には、そんな会場での演奏や観賞はあまりありません。音楽経験が異なるさまざまな人が集まっているのが普通ですし、そもそも音楽を聴くのがあまり好きでないという人がいる場合もあります。たとえば、病院や老人施設での演奏会、さらに学校の授業でも、音楽を静かに聴くのが苦痛だという人や子どもはいるものです。

しかしそのような人や子どもであっても、均整のとれた図柄や特定のパターンの反復などに、知的な関心を示すことはあります。事前に楽曲の分析図などを作成しておいて、「この構造が響きとなるとどうなるのか、聴いてみましょう」という導入をしておいて、音楽の進行に合わせて構造上の位置を示してあげるのも、結構楽しいものです。曲を聴き終わった後に、「わかった感」がしますので、満足はできると思います。

第4節 感情の惹起

音楽を聴いて最も感動するのが、音楽を通しての追体験とそれによる感情の惹起です。ショパンやチャイコフスキーの抒情的な音楽を聴いて、失恋した恋人を思い涙したとしても、「素人の」聴き方だと思ってはいけません。大いに推奨されるべき聴き方だと思います。

音楽を聴いて、日常生活を忘れ、己の感情を大いにゆさぶってください。演奏が終われば、気持ちはスッキリとします。映画館で悲しい映画を見て、涙がポロポロ出てきたとしても、映画館を出れば、「さあ、美味しいものでも食べよう」となりますね。音楽を聴いていたり映画を見ていたりしている、その限られた時間を経験することが大切なのです。

音楽の研究者はそれを「音楽的時間」と言ったりします。この時間は実際に流れている、時計で計測できる時間とは一致しません。我を忘れて音楽や映画を聴いたり観たりしているときは、この「音楽的時間」は実際の時間（物理的時間）より短く感じられるはずです。しかしこれほど個人的な経験はありませんね。同じ音楽を聴いているはずなのに、隣で聴いている人とはまったく異なる経験をしていることもあるわけですから。

これとよく似た経験に、身体的な経験を追体験するというのがあります。たとえば、ピアノを習ったことがあり、かなりの期間練習したことがある人だと、プロのピアニストの演奏を聴いたり見たりすると、指が自然に動いたりします。

演奏している人の姿を見て、自分が演奏しているような気分になることもあります。このような追体験も、自分が演奏しているときの喜びや、もちろん辛い思い出さえも、思い出させてくれるでしょう。でも、演奏が終わったときに感じる爽快感はというと、おそらくピアノ演奏の経験がある人の方が、より強く感じるのではないでしょうか。

鑑賞授業でショパンやリストのピアノ曲を教材として使用する場合にも、和音や分散和音などの指の動きを経験しておくといいかもしれません。親指を手の内側で返す難しさを経験しておくだけでも、音楽を実際に聴いたときの反応は違ってくるはずです。本書では、第７章第３節で、ショパンの『練習曲集・作品 10』の鑑賞例を紹介しています。

図表 3-1　個人的に大切なつながり

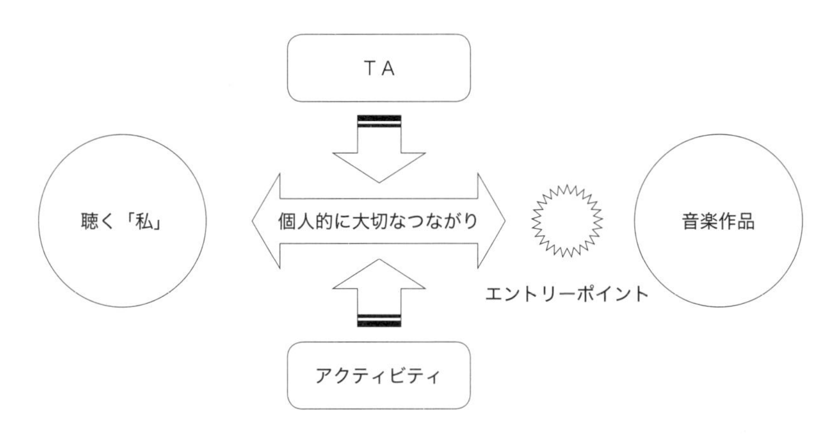

第4章

エントリーポイントを見つける

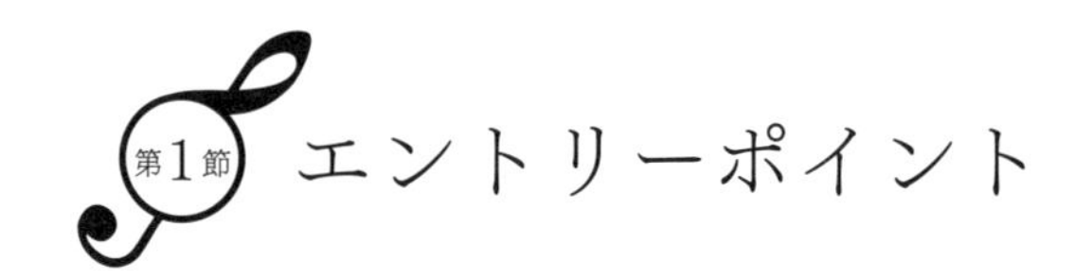

第1節 エントリーポイント

(1) エントリーポイントとは

ＴＡたちはエントリーポイントをどのように理解しているのでしょうか。

ブースはこの言葉を説明するにあたって、音楽以外の分野での例で説明するとわかりやすいとして、自身の経験を次のように語っています。その説明を聴いてみたいと思います。

デイヴィッド・ショックホフ（1970 年代、リンカーンセンター協会で私が最初に師事した先生）は、ワークショップの初日に、エントリーポイントについてとりあげました。いろんな芸術分野で将来ＴＡになる人を対象にした、シェークスピアの《マクベス》を題材にしてのワークショップでした。そこで演劇未経験者に対して、こんな難しい演目をどのように紹介したらよいのかを指導したのです。しかしこの演目の重要な要素を取り出したわけでもなく、戯曲を読ませたのでもなく、シェークスピアの戯曲の特徴（詩の抑揚五歩格や独白の構成など）を教えたわけでもありません。戯曲にある重要でドラマチックな質問をとりあげて、私たちの生活とどう関係するのかを、体験的な方法で探っていったのです。その質問というのは、「自分の欲しいものを手に入れるために、どれだけのことをしますか。どこまで道義を犠牲にしたり、それに反したりできますか」というものでした。

デイヴィッドはワークショップの参加者にゲームをさせました。（ウィリアム・シェークスピアの《マクベス》に出てくる）場面設定が書いてあるカードがあらかじめ用意されていて、部屋のいろんな場所でその場面を即興で演ずるというものでした。目的を達成するために、友達を欺いたり、公衆の面前で嘘をついたり、人殺しができるのかどうかを、選択しなければならないというゲームです。デイヴィッドはゲームに時々介入して、なぜそれを選択したのかを詳しく説明させたり、その正当性を述べさせたりしました。ゲームの賭け金を釣り上げたりもしました。手に入れたいものをどうしても得るために、人は究極の選択をもしてしまうことを証明するためです。自分たちの選択を振り返り、デイヴィッドも根底にある道義的な問題についての説明をしました。そして自分たちの選択をもう一度振り返った後、実際に《マクベス》を鑑賞しました。長い間演劇の仕事に携わっていた私だけでなく、音楽家やダンサー、あるいはシェークスピアをはじめて観る人たちにとっても、この芝居はまったく新しい共感を呼びました。もとの戯曲でどうなっているのかを知りたくて、もう一度読んでみたいという気持ちに駆られました。シェークスピアの悲劇を一度も観たことがないというダンサーといっしょに劇場へ向かったのですが、劇場に着くまでの間、そのダンサーはまるで私の演劇仲間であるかのように話し続けたのです。

デイヴィッドは複数の要点を集めるのではなく、エントリーポイントをひとつ見つけることの大切さを教えたのです。教えたい多くのポイントの中から、作品の神髄をたったひとつの言葉や文で表現することに賭けたわけです。またそのエントリーポイントを通して、説教的ではなく体験的に、作品の世界に導くのです。ここが鍵です。あなたが大切だと思うエントリーポイントをひとつだけ作品の中に見つけ、人々に体験してもらって、作品の世界に招き入れるのです。

ブースの経験から、エントリーポイントの特徴、あるいは設定する際に注意すべき点を読み取ることができます。ショックホフは戯曲『マクベス』のエントリーポイントとして、戯曲にある重要でドラマチックな質問を取り上げて、それが「私たちの生活とどう関係するのか」を、体験的な方法で探りました。特に、個人との関係を体験的な方法で探った点は、見逃してはいけないでしょう。決して戯曲の成立背景や構成、台詞の韻律などではありませんでした。自分が大切だと思う作品の特徴をひとつだけ選び、そこを侵入地点として、聴衆を作品の世界へと導き入れることが大切なのです。

演奏会や音楽鑑賞の授業でも同じです。「エントリーポイントを用意することが、聴衆の経験にとって大切なのです。聴衆が自分との接点をみつけ、音楽を聴くことに充足感と達成感を感じたなら、その人はきっとその音楽をまた聴きたいと思うでしょう。そうでなければ、もう2度と聴きたくないでしょう。1回のチャンスすら、無駄にできません」と、ブースは言います。

(2) エントリーポイントの必須条件

エントリーポイントが、名曲解説にはしばしば記載されているような、楽曲の「聴き所」ではないことは、すでに述べたとおりです。ブースの言葉を借りれば、「エントリーポイントは、作品の神髄を伝えなくてはいけません」。というのも、このエントリーポイントを通して、説教的ではなく体験的に、聴く人たちを作品の世界に導かなくてはならないからです。また自分で本当に魅力に思うこと、自分自身でこれこそ神髄だと思えることを、作品の中に見つけることが大切です。またエントリーポイントと後に説明するアクティビティは一体となっていますので、指導者が実際にどのようにエントリーポイントを出発点にして、アクティビティを展開していくのかも、想定できる内容になっていなくてはならないのです。

しかしこれだけでは十分ではありません。児童・生徒や聴衆となっている人たちがどのような音楽暦をもち、どのような気持ちでその場にいるのかを、考慮しなくてはならないからです。音楽の授業は苦手だという児童・生徒、はじめてクラシック音楽を聴く人や、クラシック音楽が苦手だという人もいるかもしれないのです。ですからエントリーポイントは「作品の本質を捉えていて、紹介しやすく、あなたにとっても面白く、みなが楽しめるもの」でなくてはならないわけです。

また、ひとつの作品のエントリーポイントは、必ずひとつにするということを、忘れないでください。あれやこれやの視点から音楽作品にアプローチしてはいけないのです。アクティビティの最中に、参加者が自分たちはいったいどこに連れていかれるのかが、わからなくなるからです。アクティビティは「目標をもった」探索の旅でなくてはなりません。

もう、おわかりですね。エントリーポイントをどう設定するかで、演奏会や観賞授業のすべてが決まるのです。適切なエントリーポイントが見つかれば、指導者としての仕事の半分は終わったのも同然でしょう。しかしそれだけに、エントリーポイントを見つけるのはとても難しいのです。

以下に、エントリーポイントが備えるべき条件を、整理しておきました。

第１の条件は、作品の本質を捉えていることです。そのために指導者はその作品をよく理解していなくてはいけません。ただ「何となく好きだ」、「演奏して気持ちがいい」というのではなく、純粋に音楽的に見て、エントリーポイントと作品の本質は、直接的でなくてもいいのですが、つながっている必要があります。エントリーポイントと作品の本質とをつなげていくのが、指導者の仕事でもあるわけです。具体例については、後で説明します。

第２の条件は、エントリーポイントは指導者が興味をもって楽しめるものであることです。自分が本当に好きで気に入っているものでないと、その魅力を他人に伝えることはできません。名曲解説などに、この曲の魅力はここですと書かれているからという理由だけでは、あなたの話はつまらなくなってしまうでしょう。名曲解説を読むことも決して悪いことではありません。これまで演奏したことのない曲を演奏するような場合には、まず作品の特徴を知るために、名曲解説を読むことも必要でしょう。しかし最終的に、今まで知らなかった曲であっても、これは面白いというところが発見できなくてはならないのです。

第３に、作品の本質を捉え、自分にとっても興味深いことであっても、児童・生徒や聴衆の人たちに興味をもってもらえて、楽しめるものでなくては意味がありません。たとえば、12 音技法で作曲された曲を演奏する場合、作曲法の説明や音列探しをするのにも工夫が必要でしょう。そのためには、児童・生徒や聴衆の性質、つまり、年齢層や音楽の経験度について十分に下調べをしておくことが求められます（本書の実践篇では、第７章第５節と第10章第４節で、無調の作品を紹介しています）。

(3)「80%の法則」

ブースは『ティーチング・アーティスト』の中で、「80%の法則」についてしばしば言及します。「私たちが教える内容の80%は自分自身である」というものです。「教えるテクニックが何であれ、またどんな言葉であれ、どんな行動であれ、他人を変える力を生み出す原動力になるのは、教師ひとりひとりの考え方や精神性だ」というわけです。

指導者として児童・生徒や聴衆の前に出ると、あなたの80%が出てしまいます。しかしこのようにして指導者が「丸裸」にされることで、聴衆は指導者につき従って、音楽の世界に導かれることができるわけです。だから指導者は自分自身の演奏や教育のスキルだけでなく、人間性や精神性を磨いておく必要があります。このようなことを若い音楽家に最初から求めることはできないかもしれませんが、経験を積むことでそれも可能となるでしょう。

エントリーポイントが、名曲解説で説明されているような曲の「聴きどころ」ではなく、また音楽学者が分析をして得られるというものではないことは、すでに述べました。どのような曲を対象にして――演奏曲目は選べない場合もありますが――、どのようなエントリーポイントを見出すかで、あなた自身の感性、教養、人間性が問われていると言えるのかもしれません。社会、人間に対する深い理解や共感がないと、アクティビティをリードして人々を音楽の世界に導くことはできないわけです。

結局のところ、これまであなたがどのように音楽を学んできたのか、そしてどのような人生を送り、学校教育や職業人生などを通して、何を学んで自らの精神の糧にしてきたのかが、問われるわけです。簡単に表現すれば、音楽の技能の他に、少なくとも、幅広い教養が求められていると言えるのではないでしょうか。もし自分には音楽の教養すら足りないと思われる方は、まずは音楽史や音楽通論の本を再度読んでみることをお勧めします。きっと新たな発見があると思います。こうしていつもアンテナを張っておくことです。今はあまり重要と思えない情報も、後々役に立つやもしれません。

第2節 エントリーポイントを見つけるために必要なこと

ここでは、クラシックの楽曲を中心に、エントリーポイントの見つけ方を紹介したいと思います。エントリーポイントが比較的見つけやすい楽曲と、そうでない楽曲があります。まずこの点について説明しておきますので、その後は徐々に理解を深めてもらいたいと思います。

(1) エントリーポイントが見つけやすい楽曲

エントリーポイントが見つけやすい楽曲は、言葉や歌詞（台本）を伴う楽曲、あるいはストーリー（物語）性をもった器楽曲です。言葉があることで、音楽以外の世界とのつながりが容易になり、「私」とのつながりを見つめる「扉」もたくさんあるからです。

たとえば、本書の第10章第1節では、シューベルトの連作歌曲『冬の旅』から「菩提樹」を紹介しています。歌詞に描かれた状況のみならず、失恋して冬の寒い日の夜に町を去っていく若者の気持ちを共体験することで、「私」と作詞者ミュラーや作曲者シューベルトの心情、さらに音楽そのものとのつながりを、比較的容易に見つけ出すことができるでしょう。

第11章第5節では、オペラのジャンルからプッチーニの『ラ・ボエーム』を例に挙げてあります。余命いくばくもない主人公ミミが恋人の胸に抱かれて死んでいきます。19世紀のパリやそこで暮らすボヘミアンの若者たちの生活を想像するのは、21世紀に生きる子どもたちには難しいでしょう。しかし自分の力ではどうしようもない運命でこの世を去っていく人は、21世紀の世界にもたくさんいます。病気で亡くなる人、地震や津波の自然災害で亡くなる人、戦争で祖国を追われ難民生活の中で亡くなっていく人、そうした今現在の状況を想像することは、子どもたちにもできるでしょう。人々に対するこうした理解や共感をもって、このオペラを鑑賞すると、時代や地域を超えたところでの人間に対する深い理解が可能になります。

器楽曲の中で標題をもった楽曲であれば、標題を「扉」にすることができます。楽曲の展開がストーリー（物語）性をもった標題交響曲や交響詩であれば、言葉や歌詞の場合と同じように、楽曲そのものの理解もそれほど難しくないでしょう。たとえば、第９章第２節では、ベートーヴェンの『交響曲第５番』「運命」を紹介してあります。「運命」という言葉が作曲者自身に由来しなくても、19世紀以降、この曲が「運命」というニックネームをもって聴かれてきた事実に注目することができます。音楽のどのような特徴から、人々はこの曲に「扉をたたく運命」を感じたのであろうか、そこを切り口として、リズム動機とその連続を体験するアクティビティを行ってみるのも、いいかもしれません。

しかしここにも、落とし穴があります。確かに「言葉がらみ」の曲の場合、エントリーポイントを見つけやすいのですが、その言葉やその内容にしばられてしまって、自由な発想が出てくる余地を狭めてしまう危険性があるからです。このことは常に頭において、自分自身の発想が狭くなっていないかを、いつも反省していなくてはならないでしょう。

(2) エントリーポイントを見つけるのが難しい楽曲

「私」と音楽のつながりを見つけるのが比較的難しいのが、純粋器楽曲です。歌詞や台本、標題といった言葉の要素がないからです。鑑賞の授業では、作品の成立背景あるいは楽曲の構成や形式の説明などが中心となってしまい、実際に音楽を聴くという行為が、ついつい言葉による説明の確認でしかなかったりします。それどころか、「ソナタ形式を理解するために、ベートーヴェンの交響曲を鑑賞しましょう」というような、「本末転倒した」授業も行われているようです。彼の交響曲の構造を理解するために、ソナタ形式という枠組みを利用するなら、まだわかりますが。しかし前述した「エントリーポイントが見つけやすい楽曲」の場合とも関係しますが、逆に、器楽曲の方が「言葉」からの制約が少ない分、自由な発想でエントリーポイントを設定できる可能性があるということも、忘れてはいけません。何かワクワクするようなエントリーポイントを発見したいものです。
器楽曲の神髄を解き明かすエントリーポイントのひとつとして、作曲者が作曲時に行った音選びを追体験してみるという方法があります。たとえば、第７章第５節で紹介するシェーンベルクの12音技法による楽曲――『５つのピアノ曲』より第５曲「ワルツ」――の場合ですと、オクターブ内にある12の音を使って、できるだけ「でたらめな」音の並びを作ってもらいます。できあがった音の並びをピアノで弾いてみたり、「でたらめ」にするために行った工夫を発表してもらったりするといいでしょう。このような段階を経てから、シェーンベルクが「ワルツ」で使用した音列を聴いて、そこでなされた「でたらめ」にするための工夫を考えたり、実際に12の音を組み合わせたりして、旋律だけでなく、和音などを作ってもらいます。こうすることで、「でたらめ」な音の並びから、「独創的な」無調の響きを作る難しさを体験することで、シェーンベルクの音楽をより深く聴くことができるでしょう。
第７章第２節では、ベートーヴェンの通称『エロイカ変奏曲』を紹介しています。最初に主題を全員で歌い、次に、この主題をさまざまに変奏してみるという実験をしています。そしてグループごとに変奏の例を出し合って、それらをどのように配列すればよいか、考えてもらいます。またそのような配列をした意図なども発表してもらいます。こうすることで、主題の変奏によってある種のストーリー（物語）性が展開されていることがわかり、作曲者の選択や主題やその背景の変化という楽曲展開そのものを追体験することができます。
また第７章第１節ではフーガ、第８章第１節ではバロック時代の協奏曲が、紹介されています。これらのジャンルでは、ひとつの主題が調を変えて再現しますので、この再現を追跡していくことで、楽曲が調によって構成されていることが理解できたり、調の変化そのものを楽しんだりすることができます。短調のフーガで主題が長調で再現する効果は、聴く者にとって印象的であるにちがいありません。
ＴＡの手法を適用するのが難しいのは、おそらく古典派の器楽曲だと思います。モーツァルトやハイドンの交響曲や弦楽四重奏曲――標題をもつ楽曲は除外してよい――でしょう。作曲者の主眼が音楽で何かを表現することではなく、音のみで楽曲を構成することに置かれているからです。つまり楽曲が自己完結しているために、「私」が入っていける扉が少ないのです。

第８章第２節で紹介するレヴィーが考案した「モーツァルトの風船」は、モーツァルトの『クラリネット、ピアノ、ヴィオラのためのトリオ』(KV498)——この曲には『ケーゲルシュタット・トリオ』というニックネームがありますが、この名前の由来は曲の理解にはつながりません——の第１楽章のためのアクティビティですが、これなどは、児童・生徒たちにいくつかの風船（主題）を移動させるやり方を考えさせることで、モーツァルトが楽曲でどのように主題を配置したのかを追体験させるというものです。この「モーツァルトの風船」がうまくいく理由は、この第１楽章がゆっくりとした楽章であること、そして、モーツァルトがゆったりとした気分で、しかも異なる楽器の音色による主題の配置を楽しんでいるからです。

では、テンポの速い楽章、つまり古典派のソナタの第１楽章を鑑賞する場合には、指導者はどのような方法を使うのでしょうか。ＴＡなら、この第１楽章の形式が「ソナタ形式」であるなどとは、言わないはずですし、「ソナタ形式」を理解するために、音楽鑑賞するというようなことを考えたりしないでしょう。そもそも「ソナタ形式」という楽式は19世紀の産物であって、モーツァルトやハイドンの時代にはない考え方なのです。こうした古典派の楽曲を鑑賞するには、ソナタ形式という楽式を離れて、モーツァルトやハイドンの作曲法について、深く知ることが必要なのかもしれません。古典派の作品は、第８章第３、４節あるいは第９章第１、２節で、紹介しています。

(3) エントリーポイントを見つけるには

エントリーポイントがどのようなものであるか、少しは理解していただけたでしょうか。エントリーポイントというのは、音楽経験の少ない聴衆にとっても、音楽の内容を理解して、価値ある体験ができるための「入り口」なのです。そしてそれは、曲の表面上の、たとえば、ＡＢＡの形式であるとか、何年に作曲されたのかという情報の提供にとどまらずに、作品に内在する「音楽の力」に触れるようにするための「切り口」とも言えるでしょう。聴衆を引き込むために必要となる、作品の音楽的に優れた特徴であると言ってもいいかもしれません。

エントリーポイントを見つけるために、さしあたっては名曲解説を参考にしてもいいかもしれません。確かに、エントリーポイントを見つけるうえでのヒントにはなるかもしれませんが、実際の鑑賞授業で使うためには、あなた自身の知識や経験、そして幅広い教養が必要になってきます。特に、歌詞や台本に書かれた内容を理解し、現代に生きる人間にとってどのような意味をもつのかに対して、深い洞察が必要になるはずだからです。

どのようなエントリーポイントを選ぶのかで、その人の価値観や人間性も見えてくるわけです。筆者は『ラ・ボエーム』のエントリーポイントとして、病気で亡くなる主人公ミミの死と、「東日本大震災」や「シリア内戦」で亡くなった人の死とを重ね合わせて、自分の力ではどうにもできない運命の過酷さを、オペラ鑑賞を通して経験してもらいました。

ブースはこう語っています。「教えることの80％はあなた自身だということを忘れないでください。芸術について何かを教える場合、参加者が深い所で学んでくれるかどうかは、芸術の世界からの使者であるあなたが、どのように考え、話し、どんないでたちで現れ、どのように意味を伝え、答え、発見し、困難を処理し、演奏し、ジョークを飛ばし、即興するかにかかっています」

この言葉は演奏者についての言葉ですが、音楽鑑賞の授業をする教師にも当てはまるでしょう。

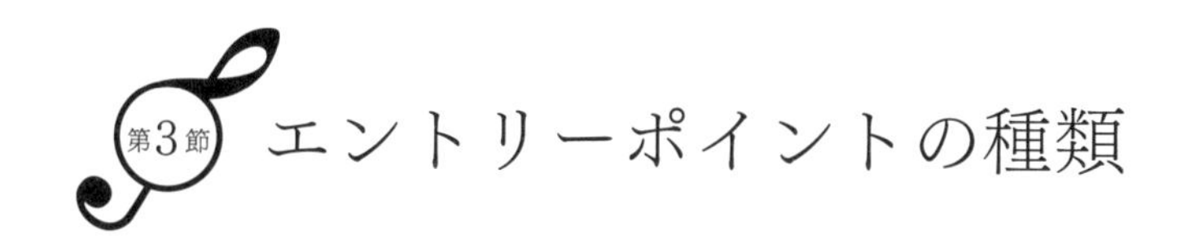

第3節 エントリーポイントの種類

実際にどのようなエントリーポイントを設定するかは、どこに「個人的に大切なつながり」を見つけてもらいたいかによって異なってきます。以下では、（1）参加者による創作・即興、（2）音楽要素を体験する、（3）構造や構成の理解、（4）楽曲の背景の理解の４つに分けて、説明したいと思います(図表 4-1)。

ブースの『ティーチング・アーティスト』ならびに本書の実践篇に掲載された楽曲とエントリーポイントについては、章末の図表 4-2、4-3 に整理してあるので、参考にしてください。

図表 4-1　エントリーポイントの種類

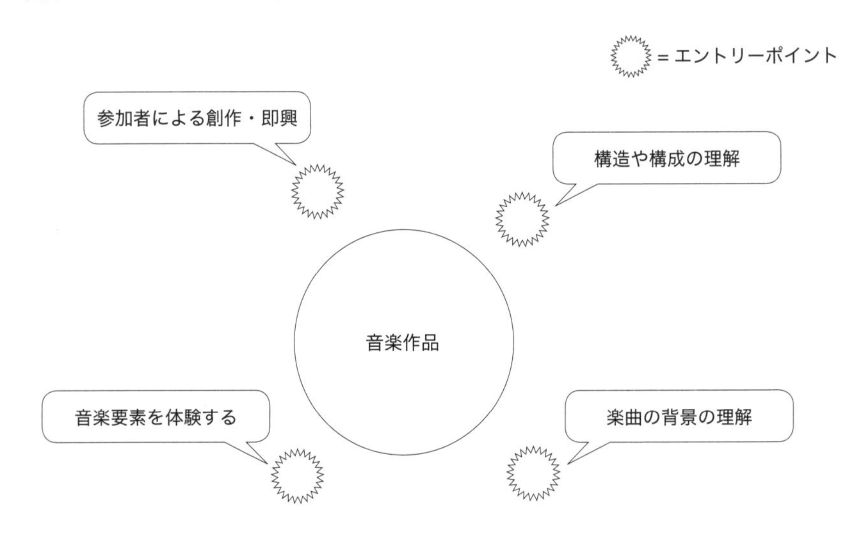

(1) 参加者による創作・即興

聴衆に楽曲の説明を聴いてもらうだけではなく、何らかの形で参加してもらうことが大切です。このような方法を演奏会全体に適用すれば、「インタラクティヴ演奏会」になるでしょう。しかしそれほど大がかりに聴衆との「双方向な関係」を構築する必要はありません。

みんなでいっしょにこれから聴く曲のテーマを歌っては、どうでしょうか。もしこの曲が変奏曲なら、自由に変奏した主題を歌ってもらえばいいでしょう。変奏にはいろんな方法があり、今聴いている曲の作曲者がどの方法を採用したのかを聴きながら発見することは、大きな驚きとなり、喜びともなるでしょう。

指導者（指揮者）が無言でステージに登場して、手拍子をはじめると、聴衆もいっしょに拍手をしはじめます。いろんなリズムを経験してもらいます。次第に速くして、演奏をはじめるとどうでしょう。今みんなで手を打っていたリズムが、曲の中でも聴こえてくれば、きっとワクワク、ドキドキするはずです。

室内楽であれば、どの楽器で旋律を演奏するのかを、聴衆に選んでもらって、楽器の組み合わせ方で響きがどのように変化するのかを、楽しんでみるのもいいでしょう。聴いている曲の中で、同じ組み合わせや響きを発見できるのではないでしょうか。

聴衆が共感するのは、作曲者の創作プロセスや演奏者の行為です。いっしょに音楽を作っている実感を共感しあうわけです。方法はたくさんあります。楽曲ごと、聴衆や演奏する場所ごとに、さまざまな工夫をこらして、大いにチャレンジしてください。

(2) 音楽要素を体験する

ここではこれから鑑賞する作品の音楽要素を体験します。主題や主題動機を聴いてもらうのもいいのですが、もう少し楽曲の特徴となる要素を聴いてもらうのがいいかもしれません。たとえば、特殊奏法が使われている楽曲なら、それらをひとつひとつ丁寧に説明して、実際に音を出してみるといいかもしれません。特に演奏するのが難しい奏法の場合は、いかに難しいのかをわかってもらうというのも、いいのではないでしょうか。

楽器を組み合わせてみて、音色の変化や旋律の絡み合う様子などを、部分的に紹介することもできます。その場合、今聴いた部分が曲のどのあたりで（何分後に）聴こえてくるのかを予告しておくといいでしょう。実際に聴こえたときに、前述した「共感」を感じてもらえるにちがいありません。

(3) 構造や構成の理解

ここでは少し説明的になりますが、楽しみながら曲の構造や構成が理解できるように、工夫をしてください。ロンド形式の曲なら、主題が出てきたら全員でなんらかのジェスチャーをするという約束をしておくといいですね。もちろん、この曲はロンド形式だから主題が循環して出てきますというような説明は、最初はしなくていいと思います。

主題とその変奏を演奏してみて、どこが変化してどこが変化していないかなど、意見を出し合ってもらってもいいかもしれません。

(4) 楽曲の背景の理解

楽曲の背景あるいは歌詞などを理解してもらう場合には、指導者の話が中心になります。楽曲解説に書いてあるようなことだけでなく、むしろこのようなことは極力少なくして、自身の経験談を交えながら、演奏する曲について説明してください。聴衆の意見や感想を求めてもいいですし、ディスカッションしてもらってもかまいません。この方法は、人生経験の多い成人や高齢者の方に説明するときには効果的ですが、説明する方もそれなりの経験を積んでいないと、表面的な説明に終わってしまいますので、注意が必要です。

エントリーポイントの説明は、これ以上する必要はないでしょう。クラシックの音楽作品は無数にありますし、エントリーポイントの設定の仕方は、人それぞれだからです。次は、実践あるのみです。図表 4-2 と 4-3 に掲載されたエントリーポイントを、まずご自身で試してみてください。そのためには、実際に音楽を聴き、楽譜を見て、さらに作品を音楽理論的に分析したり、作品が成立した時代や社会の背景を調べたりすることも必要となるでしょう。本書を読んでおられる方には、音楽大学（学部）や教育学部で学ばれた方も多いかと思いますが、ご自身が受けられた大学での専門教育の成果のすべてを、活用してください。音楽を「カリキュラム」として体系的に学ばれた人にしか、音楽作品を体系的に理解し、そして他人に音楽作品の魅力を説得的に語ることはできません。ＴＡとなって聴衆を音楽の世界に導く前に、自分自身が独力で音楽の世界を探索しなくてはならないわけです。

図表 4-2 『ティーチング・アーティスト：音楽の世界に導く職業』に掲載された楽曲とエントリーポイント

参加者による創作・即興		
作曲者：作品名	エントリーポイント	ページ
テレマン：『ヴィオラのための協奏曲』第 1 楽章	生徒たちが装飾音を自由に入れ、装飾音に注目する。	p.145
ベートーヴェン：『交響曲第 6 番』第 4 楽章	聴衆に手拍子で嵐を作ってもらう。ベートーヴェンの選んだ音を、自分のものと関連付けて聴くことができる。	p.206
ベートーヴェン：『ピアノ三重奏曲　仕立て屋カカドゥによる変奏曲』(作品 121a)	主題に歌詞をつけて歌い、実際に変奏をしてみる。こうすることで、変奏法によって表情や感情が変化することやその変化の付け方を学ぶ。	p.103
ブラームス：『ピアノ四重奏曲ト短調』(作品 25)	ロンドのエピソードを聴衆に作曲してもらう。	p.201
ラヴェル：『イントロダクションとアレグロ』	演奏前に、曲の背景や曲の一部分を聴かせ、生徒たちに曲のある部分をオーケストレーションしてもらい、それを演奏する。	p.104
『きらきら星』	英雄的な音楽にするには何が必要か質問する。	p.205
『スターウォーズ』	手拍子によるリズムパターンから、いきなり冒頭部分の導入。	p.206

音楽要素を体験する		
作曲者：作品名	エントリーポイント	ページ
ベートーヴェン：『弦楽四重奏曲』(作品 59-1) の第 2 楽章	最初に現れるシンプルなリズムが、曲の中でどのように使われているのかを発見してもらう（ベートーヴェン自身の選択)。	p.102
シューベルト：『弦楽四重奏断章　ハ短調』(D.703)	多様な音密度の体験。	p.104
メンデルスゾーン：『弦楽八重奏曲』第 4 楽章	楽器の音色の重なり、別々、一緒にと比べてみる。	p.103
ラヴェル：『クープランの墓』	5 人の楽器のオーディション。	p.142
バルトーク：ピアノとヴァイオリンとクラリネットのための『コントラスト』	バルトーク独自の音色と、その音の出し方を経験してもらう。	p.102
エリオット・カーター：『木管五重奏のための 8 つのエチュード』	音色の変化。全員が同じ音を吹く。	pp.103-4
ジョージ・クラム：『ブラックエンジェル：暗黒界からの 13 のイメージ』	特殊奏法の説明と体験。	p.202

4

構造や構成の理解		
作曲者：作品名	エントリーポイント	ページ
モーツァルト：『クラリネット、ピアノ、ヴィオラのためのトリオ』（KV498）の第１楽章	「ひとつのメロディーを３人の演奏家たちが受け持つ時に、どんなやり方があるか？」という質問から、テーマの提示とテクスチュアの関係を調べる。「モーツァルトの風船」。	pp.96-8
ベートーヴェン：『交響曲　第９番』（作品 125）の最終楽章	主題と変奏。	p.207
シューベルト：『弦楽五重奏曲』（作品 163）	雄大でのびやかなメロディーにつけられる伴奏形に注目し、多様な組み合わせとその効果を実験する。	pp.102-3
ムソルグスキー：『展覧会の絵』	絵を描いたときに使った道具の話から、「忙しい音楽」を書くときにはどうすればよいのかを尋ねる。ムソルグスキーが使った方法は何かを考えながら聴いてみる。	p.145
フォーレ：『パヴァーヌ』	ピザつくり：ピザ生地＝ベースライン、トッピング：メロディー、和声。	p.139
コダーイ：『ヴァイオリンとチェロの二重奏曲』第１楽章	ふたつの声部の会話。	p.103
サミュエル・バーバー：『木管五重奏曲』	自分の中に起こる反応に注意しながら聴く。さまざまな聴き方をあることを参加者で確認する。	pp.70-1
ジョージ・クラム：『ブラック・エンジェル』	ディエス・イレのテーマがさまざまな形で少しずつ導入され、全体の姿が登場するプロセスを確認する。聴くこと自体が質問となり、作曲家や演奏家たちの心のやりとりが活発になる。	p.80
ユージーン・ボッザ：『スケルツォ』	楽器間の速い半音階のパッセージを演奏している奏者の頭を軽く叩いて回る。	p.145

楽曲の背景の理解		
作曲者：作品名	エントリーポイント	ページ
ベートーヴェン：『弦楽四重奏曲　第 14 番』（作品 131）	晩年の作曲者の様子を説明する。	pp.198-9
ショスタコーヴィッチ：『弦楽四重奏』	強く印象に残ったことを話し、作曲家の気持ちを推測する。	p.168

図表 4-3　本書の実践篇に掲載された楽曲とエントリーポイント

参加者による創作・即興		
作曲者：作品名	エントリーポイント	章 / 節
ドビュッシー：『前奏曲集・第1巻』より「帆」	全音音階を使って、旋律や響きを創作する。	7/4
シェーンベルク：『5つのピアノ曲』より第5曲「ワルツ」	オクターブ内の12の半音を使用して、無調の旋律や響きを創作する。	7/5
ヴィヴァルディ：『四季』より「春」第1楽章	ソネット詩にBGMをつけて、ヴィヴァルディの音描写と比較する。	8/1
ドヴォルジャーク：『弦楽四重奏曲第12番』「アメリカ」より第1楽章	ペンタトニックの音階を使用して旋律を作ってみる。	8/5
ベートーヴェン：『交響曲第5番』「運命」より第1楽章	リズム動機の組み合わせによって、さまざまな楽節の成立を調べてみる。	9/2

音楽要素を体験する		
作曲者：作品名	エントリーポイント	章 / 節
J.S. バッハ：「小フーガ」ト短調	伝言ゲームをし、主題の受け渡しを体験する。	7/1
ベートーヴェン：『エロイカ変奏曲』	変奏主題の下声部と上声部をもとに、変奏の可能性を探究する。	7/2
ショパン：『練習曲集・作品10』より「革命」	アルペッジョや半音階進行などを演奏する指の動きを体験する。	7/3
マーラー：『交響曲第1番』より第1楽章	さまざまなイメージや形象を連想させる動機の配置と描写との関係を調べる。	9/3
シューベルト：歌曲「ます」と『ピアノ五重奏曲』「ます」より第4楽章	情景描写の音楽表現と、器楽曲でのその活用を調べる。	10/2
シューマン：連作歌曲集『詩人の恋』より「美しい5月に」	詩と旋律、さらにピアノ伴奏との関係を調べる。	10/3
シェーンベルク：『月に憑かれたピエロ』より「月に酔って」	詩の内容にあった歌唱法を考えてみる。	10/4
モーツァルト：オペラ『フィガロの結婚』	重唱における歌詞と音楽のそれぞれの重なりの効果を体験してみる。	11/3

構造や構成の理解		
作曲者：作品名	エントリーポイント	章／節
モーツァルト：『ケーゲルシュタット・トリオ』より第1楽章	風船を4つの層にして並べる方法を考えて、モーツァルトの主題動機の配置と比較する。「モーツァルトの風船」	8/2
モーツァルト：『アイネ・クライネ・ナハトムジーク』より第1楽章	第1楽章で提示される5つの旋律の配置を変えて、音楽の効果の変化を調べてみる。	8/3
モーツァルト：『交響曲第41番』「ジュピター」より第4楽章	4つの旋律の組み合わせを考えて、作曲者の選択を検証する。	9/1
山田耕筰：「からたちの花」	詩の韻律構造と拍節・拍子との関係を考える。	10/5
J.S. バッハ：『マタイ受難曲』	歌詞の種類や構成と音楽表現との関係を考える。	11/1
J. ハイドン：オラトリオ『天地創造』	歌詞の内容と音楽との関係を考える。	11/2

楽曲の背景の理解		
作曲者：作品名	エントリーポイント	章／節
ベートーヴェン：『弦楽四重奏曲第15番』（作品132）より第3楽章	作曲の背景を知り、リディア旋法が使用された意図を考える。	8/4
レスピーギ：交響詩『ローマの松』より「アッピア街道の松」	成立の背景だけでなく、イタリアの風土との関連について考察する。社会科と音楽科の統合の試み。	9/4
ムソルグスキー／ラヴェル：『展覧会の絵』	情景描写で使用された音楽表現について想像してみる。	9/5
シューベルト：歌曲集『冬の旅』より「菩提樹」	主人公の青年の心情を想像してみる。	10/1
ビゼー：オペラ『カルメン』	4人の登場人物の性格と彼らの葛藤を理解する。	11/4
プッチーニ：オペラ『ラ・ボエーム』	主人公の気持ちを現代の社会状況に置き換えて考えてみる。	11/5

第5章

アクティビティを工夫する

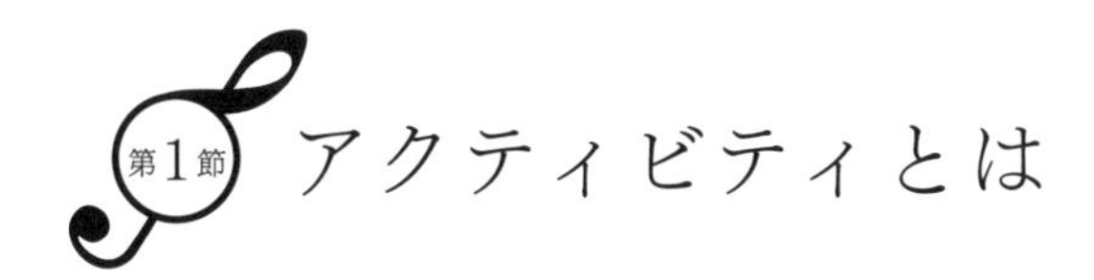

第1節 アクティビティとは

学校での一般的な鑑賞授業ですと、教科書の記述を参考にしたり、教師の作成したワークシートに記入したりしながら、楽曲を聴きます。まず解説や説明があって、それから音楽を聴くというのが、ごく普通のやり方でしょうか。もっとも鑑賞教育に関心のある指導者だと、すでに本書で紹介するような方法を採用されておられることでしょう。

また従来の演奏会ですと、プログラムノートを用意して、そこに書いてある解説を読んでもらうというのが、聴衆を演奏曲目に導く方法でした。最近では演奏者自らがマイクを手にしてステージに登場して、曲目を簡単に説明したり、これまでの体験や演奏するときの思い入れなどを語ったりという人も増えてきました。

しかしＴＡの手法を活用する指導者たちは、一般的には「アクティビティ」と呼ばれる、もっと積極的な方法を用います。聴衆に体を動かしてもらったり、意見や感想を言ってもらったり、作業をしてもらったりすることも、厭いません。聴衆と演奏家たちとの相互交流がより活性化されていきますと、いわゆる「インタラクティヴ演奏会」となるわけです。
「とりあえず」エントリーポイントの方向性がつかめるという表現をしましたが、それというのも、このアクティビティの方法を模索するなかで、エントリーポイントを修正することもよくあるからです。実際には、エントリーポイントを考えるときに、アクティビティはどうするのかを、同時に考えておく必要があると思います。エントリーポイントが「ドンピシャ」でも、アクティビティがつまらないと、聴衆からは総スカンをくらったりしますし、反対に、アクティビティは楽しくても、エントリーポイントが的外れだったりすることもしばしばだからです。これも、エントリーポイントとアクティビティが表裏一体の関係であるためです。

アクティビティとエントリーポイントは、なるべくならいっしょに考えた方がいいかもしれません。しかしこんなアクティビティをしたいというのが先で、これに合う曲は何かを探すということもあっていいと思います。

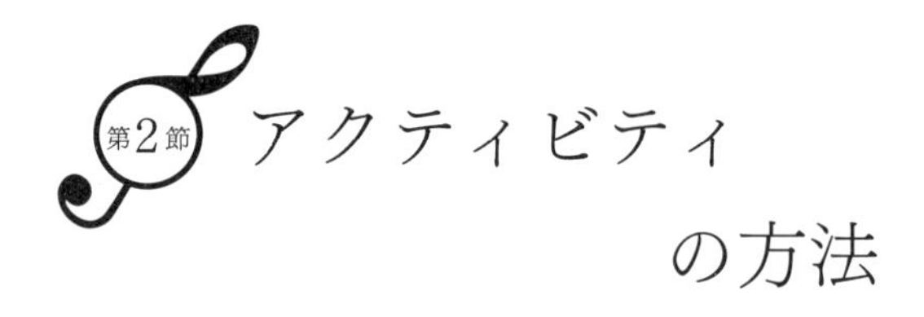

第2節 アクティビティの方法

アクティビティを考案したり、実施したりする際に、常に念頭においておかなくてはならないことは、「知識より体験を」です。ここでいう「体験」は、ただただゲームや作業に参加して、あまり考えずに身体を動かしているというものではありません。隣の人と話をしたり、自分の過去を振り返って、これから聴く音楽とのつながりを発見したりするという、積極的な活動も「体験」であるということを、忘れないでください。

ここでは、前章の章末に掲載した図表 4-2 と図表 4-3 で示したエントリーポイントの内容を参考にして、よく使用されるアクティビティの方法について、概観しておきたいと思います。

(1) トークで聴く人の関心を方向づける

演奏会やそれぞれの曲の演奏をはじめる前に、演奏者が聴衆に向かって話すというのは、ごく一般的な方法です。簡単なあいさつからはじめて、演奏者の自己紹介をします。演奏会の趣旨や選曲の理由、演奏曲に対する演奏者たちの思いや想い出を語るのもいいでしょう。しかしこれだけではＴＡの役割を果たしているとは言えません。楽曲の深い理解に導くためのトークが必要となります。曲の成り立ちや構成を説明するのではなく、児童・生徒や聴衆の１人ひとりが演奏される曲と「個人的に大切な関係」を発見できるようなトークにしなくてはならないのです。

まずブースの本で紹介された例では、ベートーヴェンの『弦楽四重奏曲第14番』（作品131）を演奏する前のトークが典型的なので、まずそれを見ておきましょう。曲の成立背景や構成などを説明するのではなく、自分たちが演奏中に感じたことを吐露して、導入に代えているのです。

ベートーヴェンの晩年の弦楽四重奏曲をリハーサルしていて、私たちは楽章の各部分が織りなす、なんともつかみどころのないストーリーに心奪われてしまいます。この弦楽四重奏を作曲しているときのベートーヴェンは、老いて、耳が不自由で、孤独で、怒りっぽくなっていました。しかしこの曲には、精神の叡智といくばくかのあきらめが表現されているように感じられます。特に長い緩徐楽章は、崇高な叡智の痛ましいさまを感動的に表現しており、長くつらい人生のひだを映し出しています……

本書の第８章第４節では、ベートーヴェンの後期弦楽四重奏曲から、作品132の例を紹介して、作曲の背景とそこで使用された「リディア旋法」の意味を説明しています。

次に、筆者が実際に行った例を紹介しておきましょう。演奏された曲は、ヴェルディのオペラ『リゴレット』で、リゴレットの娘ジルダが歌うアリア「慕わしき御名」です。貧乏学生を名乗る、名も知らない侯爵との逢瀬を楽しんだ後に、ジルダは「グヮルティエル・マルデ」という仮名を呼び、今別れたばかりの人を思います。会場は40～50歳代の女性が多かったものですから、筆者は次のようなトークをしました。

「皆さん、お若かったころを思い出してください。1週間したらまた会えるとわかっていながら、恋人と別れたあとに、相手の名前を思わず、心の中で呼んでしまったことはありませんか。そんな切ない女心を、作曲者ヴェルディはどんな音楽で表現しようとしたのでしょうか」

たったこれだけの言葉で、イタリア語の歌詞がわからなくても、ジルダが高音域で叫ぶときの気持ちを、理解することができるのではないでしょうか。聴いている人それぞれの思い出と、今聴いている音楽で表現されている心情がピッタリと合っています。

(2) 児童・生徒や聴衆との質疑応答

トークの中で、児童・生徒や聴衆に質問を投げかけてみるのもいいでしょう。ブースの本では、ムソルグスキーの『展覧会の絵』で、絵を描いたときに使った道具の話から、「忙しい音楽」を作るときにはどうすればよいのかを尋ねています。短い音符を連続させる、高い音と低い音を速く交替させるなど、きっとさまざまな回答が得られるでしょう。こうした回答をホワイトボードに書いておくといいかもしれません。それを見ながら実際に音楽を聴いてみると、効果は抜群であるにちがいありません。

本書では、第10章の第2節でシューベルトの歌曲「ます」、同章第3節ではシューマンの連作歌曲集『詩人の恋』の「美しい5月に」について、聴衆との質疑応答によってアクティビティを展開する例が紹介されています。

第11章第4節では、筆者が60歳以上の人たちを対象に行った、ビゼーの『カルメン』の例を紹介してあります。こうした質疑応答をしてからオペラを鑑賞しますと、人は登場人物のだれかに自分を重ねて聴いてしまいますので、聴衆の人たちの感動ぶりが尋常ではないことは、想像にかたくありません。人生経験が豊かな分だけ、心揺さぶられるにしても、その振幅も大きくなるわけです。もっとも若い指導者は、高齢者に対して人生や生き方に関する質問をするときには、十分に注意をしてください。

(3) 音楽要素を体験する

実際にやってみて一番当たり外れがない方法は、楽器の音を確かめたり、曲の特徴的な部分を前もって聴いたりなどして、音や音楽を楽しむというものです。エントリーポイントの例でも、こうした例が多かったように思います。どのような方法にするかは、音楽やエントリーポイントの選び方によってさまざまでしょう。

ブースが紹介した例では（前章末図表 4-2 を参照）、楽器の特殊奏法の説明をして実際に音を聴いてもらったり、独自の音色とその音の出し方を見たり、聴いたりしています。最初に現れるシンプルなリズムを覚えてもらい、曲の中でどのように使われているのかを発見してもらうという方法も、紹介されています。この方法はかなり高度な聴き方を要求するので、どのような人が聴きにきているのかを、前もって調べておく必要があります。

本書でも、さまざまな体験の例を紹介してあります（前章末図表 4-3 を参照）。たとえば、第７章第２節では、ベートーヴェンの『エロイカ変奏曲』を例に、変奏主題を下声部と上声部に分けて歌ったり、第 11 章第３節でのモーツァルトの『フィガロの結婚』の六重唱では、６人の歌手の重なり合う台詞（歌詞）を朗読してもらい、音楽が付された場合との比較を試みたりしています。

(4) 創作・即興を試みる

トークや体験では児童・生徒や聴衆は受動的ですが、多くのＴＡは聴衆たちに積極的な参加を求めます。よく行われるのは、楽器を手にして音を出してみることですが、これではまだ十分とは言えないでしょう。ブースの本では（図表 4-2 を参照）、生徒たちが装飾音を自由に入れたり、風船を移動させたりしながら主題の配置を考察したりするという例が紹介されています。

本書では（図表 4-3 を参照）、第７章第４節で全音音階、同章第５節で半音階（12 音）、第８章第５節でペンタトニックと、音階や音素材を示して、参加者に旋律や音列、そしてその組み合わせを実際に作ってもらう方法を紹介しています。また第８章第１節ではヴィヴァルディの『四季』から「春」の第１楽章で春のイメージ、第９章第３節でマーラーの『交響曲第１番』の第１楽章で夜明け前のイメージと、それぞれにあうバックグラウンド・ミュージック（BGM）を即興で作ってもらっています。

こうしたやり方は、聴衆の種類によっても違いますし、会場の大きさや設備によっても、変わってきます、というよりは、変わらざるえないわけです。そして1人ひとりがなんらかの作業をして曲の理解を深めていくプロセスも、またさまざまです。本書の実践篇で提案した方法を参考にして、さまざまな曲で創作や即興によるアクティビティを考えてみてください。

(5) 鑑賞や演奏の終了後に行うアクティビティ

通常の鑑賞授業ですと「では、最後に全曲を聴いてみましょう」となって、静かに鑑賞することになりますが、鑑賞が終わった後で、必ず、振り返りや反省の時間をとってください。ごくごく簡単に、「どんな感じでしたか？」と尋ねてみてもいいでしょう。あるいはアクティビティで実施したことが役立ったのか、そこで示しておいた課題がきちんとできたのかについて、尋ねてみてもいいでしょう。さらに指導者自身が感想を述べてもいいですし、エントリーポイントやアクティビティの種明かしをして、この曲を鑑賞するのに、どうしてこのようなエントリーポイントを設定してアクティビティを実施したのかの理由を説明しても、いいかもしれませんね。

図表 5-1　アクティビティの方法

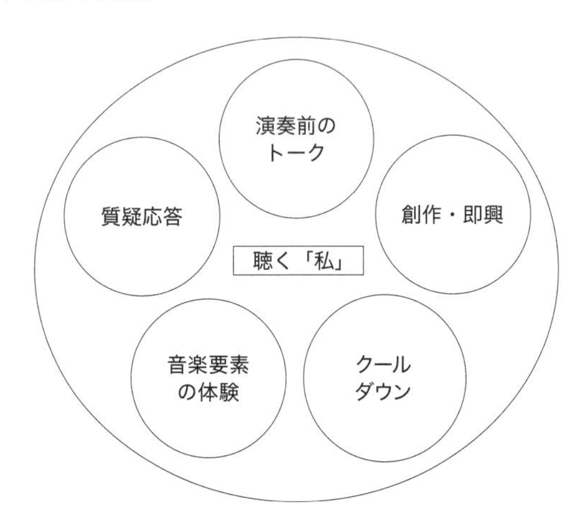

こうした鑑賞後の振り返りは、アクティビティを経験して音楽を聴いた子どもたちの興奮を、クールダウンする効果もあります。先に紹介した、高齢者のためのオペラ鑑賞会での『カルメン』では、最後にカルメンが殺されてオペラが幕を閉じますので、クールダウンが必要でした。かなり興奮した様子の方もおられましたので、鑑賞したＤＶＤや東京都内でのオペラ公演予定などの情報提供をしたことを、今でもよく覚えています。

第3節 実施にあたって留意すべきこと

筆者が気をつけていることのひとつは、トークはできるだけ短くするということです。長くても５分でしょう。むしろ聴衆の方から「あんなに短いトークなのに、演奏に引き込まれてしまいました」というような賛辞をもらえるようにしたいものです。最近、あるオーケストラの演奏会でプレトークをしました。そのうちの１曲がウェーバーの『オベロン』序曲だったのですが、序曲の最初に出てくるホルンの３音のモチーフだけを演奏してもらいました。角笛、羊飼い、森といったイメージが喚起されたことを確認して、ＴＡとしての仕事を終えました。時間にして１分です。聴衆の音楽を聴く力、音楽からイメージする力を、信じていなくてはいけません。「わからないだろう」などと、高をくくってはいけません。

参加者に何かをしてもらう場合には、それそのものが楽しくて、やさしくなければいけません。もっとも参加者が子どもであるのか、大人であるかは、あまり関係ないように思います。むしろこれから聴く音楽とのつながりを見失わないことが重要です。何のためにこんなことをしているのかがわからなくなると、参加する意欲は低下します。そして次第に難易度をあげていけば、探求心や向上心が出てきます。そうなれば、しめたものです。

質疑応答や作業では、必ず参加者の発言や行為に対して、敬意を払い、何らかのコメントをしてあげてください。答えだけを次々と尋ねるだけではいけません。しっかりと受け止めて、自分なりの感じ方や考えを伝えてください。こうしたフィードバックが必要です。

最後に、重要なことをひとつ。今度の演奏会はこのアクティビティでいこうと決めたら、必ず事前に練習しておいてください。ぶっつけ本番は絶対にしてはいけません。反対に、原稿を書いて事前にすべての流れを決めておいたり、原稿を棒読みしたりするだけというのも、困ります。相手に合わせてときにアドリブや即興を入れる余裕も、もっていなくてはいけません。

もうおわかりかと思いますが、指導者が成長していくためには、場数を踏むしかないのです。ここでは「理論篇」と銘打っていますが、成長するための理論やハウツーなどはないのです。ブースの『ティーチング・アーティスト』では、こうしたことがらがあまり整理されていませんので――雑誌の連載をまとめたということも背景にありますが――、ここに書いておいたことを念頭において、ブースの本を１度、あるいは再度、お読みになるといいと思います。

第6章

学校教育における
これからの音楽鑑賞

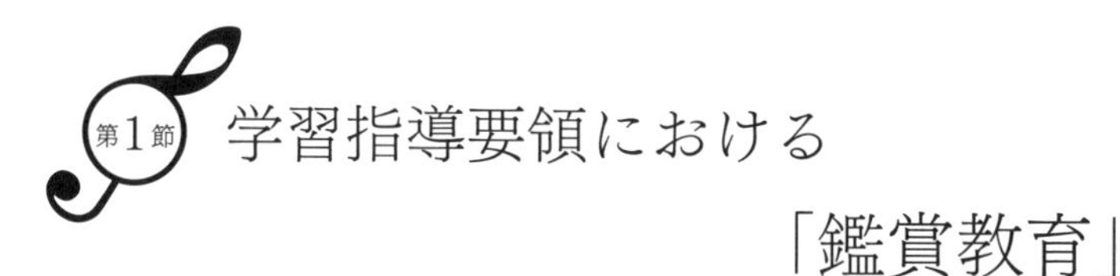

第1節 学習指導要領における「鑑賞教育」

平成29年から学校の学習指導要領が改訂され、順次実施されます。すでに小学校から高等学校までの学習指導要領が公示されました。ここでは「B鑑賞」に関する部分だけを見ておきたいと思います。本来ならば鑑賞だけでなく、教科の目標と内容を構成する、もうひとつの重要な部分である「A表現」や「共通事項」についても考察すべきかもしれませんが、それは音楽科教育学の専門家に任せたいと思います。

筆者は文部科学省が発行したそれぞれの学習指導要領の解説を手元においてこの文章を書いています。これら解説やそこでの文章は、他の教科との関連も考慮に入れて、熟慮が重ねられ、しっかりと書かれていますので、解説を「解説」するだけでも、相当な紙幅を必要とします。ここでは、これまでにお話しした「私」や「知識より体験を」といった視点から、学校教育に求められている音楽鑑賞について、私見を述べさせていただきたいと思います。

平成29年3月に公示された新・中学校学習指導要領の第5節音楽の第2

各学年の目標及び内容［第１学年］のＢ鑑賞には、以下のように記されています。ちなみに、［第２学年及び第３学年］では、「自分なりに」（下線部は筆者による）という言葉が削除されていますが、その他の部分は同じです。

Ｂ　鑑賞

鑑賞の活動を通して、次の事項を身に付けることができるよう指導する。

ア　鑑賞に関わる知識を得たり生かしたりしながら、次の（ア）から（ウ）までについて自分なりに考え、音楽のよさや美しさを味わって聴くこと。

（ア）曲や演奏に対する評価とその根拠

（イ）生活や社会における音楽の意味や役割

（ウ）音楽表現の共通性や固有性

イ　次の（ア）から（ウ）までについて理解すること。

（ア）曲想と音楽の構造との関わり

（イ）音楽の特徴とその背景となる文化や歴史、他の芸術との関わり

（ウ）我が国や郷土の伝統音楽及びアジア地域の諸民族の音楽の特徴と、その特徴から生まれる音楽の多様性

平成30年３月には新・高校学習指導要領が公示されました。ここでは、どのように記載されているのでしょうか。音楽ⅠのＢ鑑賞の部分を引用してみましょう。下線部は中学校の鑑賞の部分と相違している部分です。

Ｂ　鑑賞

鑑賞に関する資質・能力を次のとおり育成する。

（１）鑑賞

鑑賞に関する次の事項を身に付けることができるよう指導する。

ア　鑑賞に関わる知識を得たり生かしたりしながら、次の（ア）から（ウ）までについて考え、音楽のよさや美しさを自ら味わって聴くこと。

（ア）曲や演奏に対する評価とその根拠

（イ）自分や社会にとっての音楽の意味や価値

（ウ）音楽表現の共通性や固有性

イ　次の（ア）から（ウ）までについて理解すること。

（ア）曲想や表現上の効果と音楽の構造との関わり

（イ）音楽の特徴と文化的・歴史的背景、他の芸術との関わり

（ウ）我が国や郷土の伝統音楽の種類とそれぞれの特徴

また高校音楽Ⅰと高校音楽Ⅱ-Ⅲとを比較してみますと、高校音楽Ⅱでは、アの「自ら味わって聴くこと」が「深く味わって聴くこと」に変更され、さらに高校音楽Ⅲではアの「鑑賞に関わる知識を得たり生かしたりしながら」が「鑑賞に関わる知識を総合的に働かせながら」に変更されています。また高校音楽Ⅲではイは、次のように変更されています。

イ　次の（ア）から（エ）までについて理解すること。

（ア）音楽の美しさと音楽の構造との関わり

（イ）芸術としての音楽と文化的・歴史的背景、他の芸術や文化との関わり

（ウ）現代の我が国及び諸外国の音楽の特徴

（エ）音楽と人間の感情との関わり及び社会における音楽に関わる人々の役割

第2節　学習指導要領で示された「音楽鑑賞」を発展させるには

はじめて学習指導要領のこの部分を読まれた方は、どのような感想をもたれたでしょうか。筆者はまず、中学校と高等学校の「鑑賞」の記載の内容に、大きな変化がないことに驚いてしまいます。中学生１年生と高校３年生とでは５歳の違いがありますが、10代のこの時期の５歳の相違が、精神発達的に見てもきわめて大きいことは、だれにでも想像できます。音楽のよさを味わって聴くことが強調されているのに、児童・生徒たちの心の発達の度合い

やその相違に、あまり配慮されていないと思ってしまうのは、筆者だけでしょうか。

たとえば、算数や数学では「数」の概念を学びますが、最初は自然数を学び、ここから小数、分数、整数に進み、さらにこうした実数に対して虚数、有理数に対して無理数と、どんどん拡張されていき、抽象度も増していきます。当然、児童・生徒の精神的な発達が考慮されて、これら数を学習していく順序も決まっているわけです。教科の学習内容は「直線的に」積み重ねられているわけです。

これに対して、音楽科において、この曲を聴いたら次はこの曲を、あるいは旋律を学習したら次は和声をというわけにはいかないかもしれません。音楽の学習指導要領解説にも、児童・生徒の発達を意識している文章はいくつかあります。たとえば、中学校第１学年の解説には、こう書かれています。

（また、）第１学年では「自分なりに考え」とし、第２学年及び第３学年では「考え」としている。これは、小学校における「曲や演奏のよさなどを見いだす」学習を更に発展させて、中学校の第１学年では、生徒一人一人がアの（ア）（イ）（ウ）に示す内容について自分なりの考えをもつことができるような指導を大切にしているからである。

図表 6-1　児童・生徒の発達と教科の内容

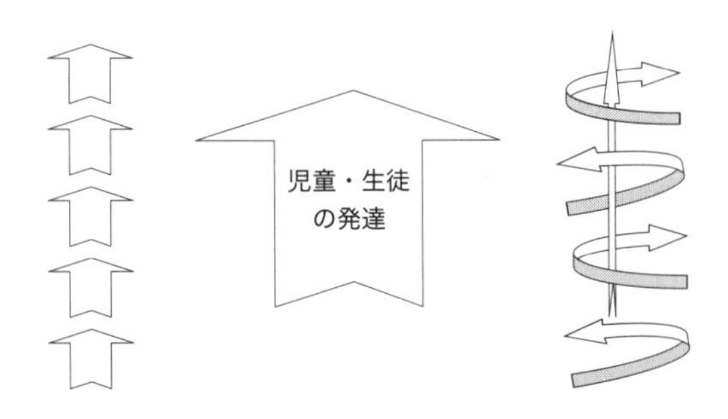

ここでは教科の学習内容は直線的に機序づけられているのではなく、「音楽的な見方・考え方」あるいは「音楽科の資質・能力」の漸次的な発達が考えられているようです。どのような曲を聴くかではなく、さまざまな曲を聴くことで、見方や考え方、資質・能力が「スパイラル的」に発達することが大切であると考えられているようです（図表6-1）。

このような考え方に立って、特定の学年に特定の曲を鑑賞させる必要はないと主張するのには、大いに賛成です。小学校1年生でもベートーヴェンの「運命」交響曲を鑑賞することはできます。しかし学習指導要領のキーフレーズになっている「音楽のよさや美しさを味わう」ことは、できるでしょうか。

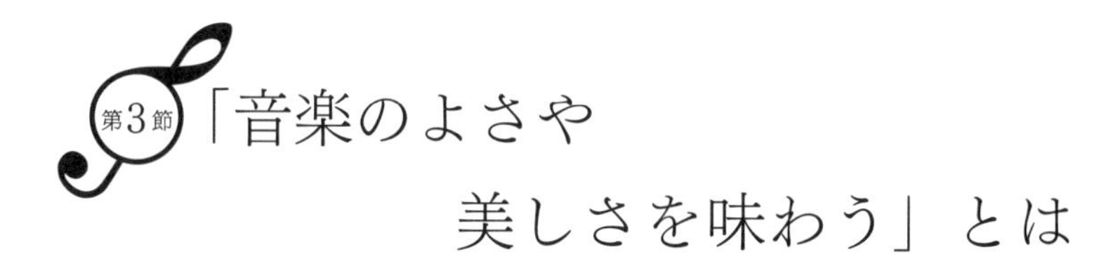

第3節 「音楽のよさや美しさを味わう」とは

ここでぜひとも理解しておく必要があるのは、「音楽のよさや美しさを味わって聴く」というフレーズが意味するところです。中学校解説では、以下のように説明されています（下線部は筆者）。

> 音楽のよさや美しさを味わうとは、例えば、快い、きれいだといった初発の感想のような表層的な捉えに留まることなく、鑑賞の活動を通して習得した知識を踏まえて聴き返し、その音楽の内容を価値あるものとして自らの感性によって確認する主体的な行為のことである。このような主体的な行為として音楽を聴いている状態が、本事項における「味わって聴く」ということができている状態である。

小学校の学習指導要領では同じフレーズが、「曲や演奏の楽しさを見いだし、曲全体を味わう」となっていますが、児童に求められていることは同じであると言っていいでしょう――ふたつのフレーズを比較すると、もはや「言葉遊び」のように感じてしまうのは、筆者だけでしょうか――。それでは、小学校1年生に「運命」交響曲を鑑賞させて、「曲や演奏の楽しさを見いだし、曲全体を味わ」わせるにはどうすればいいのでしょうか。なにかしら工夫が必要であることはまちがいありません。そうでなければ、小学校1年生には、「曲や演奏の楽しさを見いだし、曲全体を味わう」前提となる「主体的な行為」ができないので、この曲を聴かせても意味がない、いやむしろ「有害」であるとも、言えるのかもしれないからです。

いずれにせよ、児童・生徒の「主体的な行為」の実現をめざすのであれば、「～を考えて」あるいは「～について理解する」ことを、あまり強調しないほうがいいのかもしれません。音楽をどのように聴いて、それによって自分がどう感じて、どのような経験をしたのかということに対して、「自省」することの方が、「鑑賞の活動を通して習得した知識を踏まえて聴き返し」への近道だと思います。

「快い、きれいだといった初発の感想」は、決して「表層的な捉え」だとは言えないでしょう。まずこのように感じることができなくては、考える、理解するという段階には至らないからです。第1章第2節で紹介した「アートへの扉」を思い起こしてください。扉を開く第1歩は、「私」からの反応であり、それが「生命源」でした。

「考える」「理解する」ことにウエイトが置かれると、どうしても楽曲の構造、歴史的・文化的背景や意味などの知識の理解を求めてしまいます。評価に際しても、知識をもって理解しているのかをついつい問うてしまいがちでしょう。鑑賞授業ではまずこうしたことを「事前に」学習してから音楽を聴くことにもなりかねません。音楽鑑賞教室でよく演奏する音楽家から聞いたのですが、学校の先生があまりにもしっかりと事前学習をしてしまうと、児童や生徒の反応が一律で、演奏していても楽しくなく、むしろ一様に同じような反応が返ってくるので怖くなるそうです。

こうなると、中学校学習指導要領の「第3　指導計画の作成と内容の取扱い」でいみじくも述べられているように、「第1学年では言葉で説明したり、第2学年及び第3学年では批評したりする活動を取り入れ、曲や演奏に対する評価やその根拠を明らかにできるように指導を工夫すること」が求められるようになります。はたして中学生にバッハやベートーヴェンの楽曲を聴いて、言葉で説明したり批評したりすることができるのでしょうか。評価の根拠を明らかにできるのでしょうか。共通する一定の知識を与えて鑑賞して批評する――感想を書く――だけだったら、子どもたちの表現も似たり寄ったりで、評価するまでには至らないのは自明でしょう。

高校学習指導要領でも、「曲や演奏について根拠をもって批評する活動などを取り入れるようにする」ことが求められています。そもそもどのような「根拠」なのでしょうか？　音楽批評家に尋ねても、なかなか明確な答えは返ってこないのではないでしょうか。筆者が予想する回答はこのようなものです。「明確な根拠などはないですね。しいていえば、これまでの私の経験に照らして、感じることでしょうか。端的に言えば、好きか、嫌いかではないでしょうか」。音楽を聴くのは「私」であって、すべての人が納得できる「根拠」などはないと、断言できます。もしそのようなものがあれば、このような根拠に適合するように作曲や演奏をすれば、それは万人が認める「すぐれた作品や演奏」になるからです。

子どもたちの発達があまり考慮されないわけですから、児童・生徒１人ひとりの経験も問われることがありません。もちろんそのような経験の積み重ねがあって、楽曲を鑑賞するという前提はあります。しかしその経験を言葉で表現することは、音楽学者でもきわめて難しい活動なのです。そもそも音楽や演奏を言葉で表現できるというのは、幻想にしかすぎないでしょう。自然現象は数学や物理学の言葉（数式）で表現できますし、それだからこそ、現代の科学は生命現象をも含めて、「自然」を再生することができると言えます。

もし音楽が言葉で表現できてしまうのであれば、音楽が存在する意味はなくなってしまうでしょう。音楽批評の言葉で音楽を「再生」することができないのは、言うまでもないでしょう。百歩譲って、子どもたちが自らの音楽経験を言葉で表現できたとしても、１人ひとりの経験に優劣をつけて評価することはできないと思います。またそれが評価できたにしても、ただただ児童・生徒の文章表現力を評価しているにすぎないのです。

第4節 音楽を聴く「力」

児童・生徒１人ひとりの発達を考慮しつつ、楽曲に関する知識や構造という予備的な考察なしに、音楽経験――美的経験といってよいと思います――を自らの精神の発達につなげていくには、どのようにすればよいのでしょうか。決して好き勝手に音楽を聴く、いわゆるイージーリスニング *easy listening* ではなく、楽曲の本質から離れることなく音楽を聴くには、どうすればよいのでしょうか。

数年前に他界したドイツのチェリストのゲルハルト・マンテルは、著書『楽譜を読むチカラ』（音楽之友社、2011年）の中で、「音楽において探求されるものは、探し求められることによって変っていくのです」（p.4）と語っています。逆に言えば、音楽や音楽作品を探求する仕方は人によってさまざまで、その仕方によって発見されるもの、つまり、自分にとって大切な音楽や音楽作品もまたさまざまであるということです。音楽を探究する、音楽を聴く人の「私」を出発点として、音楽や音楽作品そのものに探求のまなざしを向けることが必要だということになります。

この「私」を出発点とする探索の旅には、学習指導要領が求める、楽曲に関する知識や歴史的・文化的背景が必要でしょうか。まったく必要ではないとは言い切れませんが、それよりももっと根源的に大切なことを忘れてはいないでしょうか。それは、音楽を聴くという、だれにでも生まれつき備わっている力です。これを私は「音楽の力」と呼んでいます。

「音楽の力」というと、演奏や演奏者が音楽を通して、聴く人の心を動かす力だと、ついつい思ってしまいます。確かにこれも「音楽の力」なのですが、聴く方にも同じような力、すなわち「音楽を聴く力」が必要なのです（図表6-2）。この力が音楽を聴く人になければ、音楽は耳に到達して鼓膜を振動させますが、脳は音楽として認知することはありません。たとえば、壁を手で押したときに壁が倒れないのは、壁が「反作用」として同じ力で手を押し返しているからです。同じように、音楽や演奏がもっている力は、聴く人がもっている力を必要としているわけです。この力が聴く側に備わっていなければ、音楽はただただ通り過ぎていくだけになるでしょう。

音楽鑑賞ではまず聴く人のもっている「音楽を聴く力」を呼び起こす必要があります。音楽経験が豊かな人であれば、音楽を聴こうと思った瞬間に、この力は呼び起こされて活発になります。しかし経験の少ない児童・生徒、あるいはかつて音楽を聴いたがあまりにもつまらなくて２度と聴きたくないと思っているような人たちには、何かしらの工夫が必要です。楽曲に関する知識はそのような人には逆効果でしょう。このような工夫こそ、ＴＡが活用するエントリーポイントであり、アクティビティであることは論をまちません。

図表 6-2　ふたつの「音楽の力」

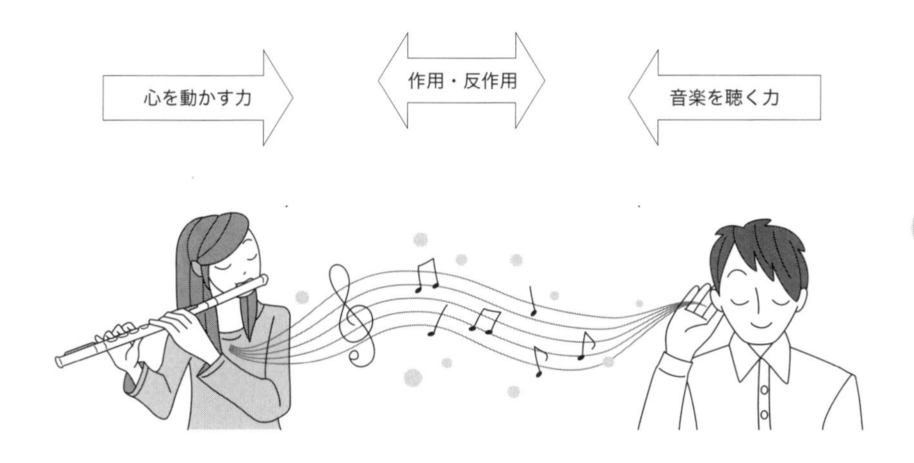

第5節 アクティヴ・ラーニングとのつながり

学校の鑑賞授業において、「主体的・対話的な深い学び」は、どのようにしたらうまく実現できるのでしょうか。学校の教員の方なら、「主体的・対話的で深い学び」の目的が、３つの内容に要約されていることをご存じだと思います。

①何を理解しているか、何ができるか（生きて働く「知識・技能」の習得）
②理解していること・できることをどう使うか（未知の状況にも対応できる「思考力・判断力・表現力等」の育成）
③どのように社会・世界と関わり、よりより人生を送るか（学びを人生や社会に生かそうとする「学びに向かう力・人間性等」の涵養）

音楽鑑賞の授業において、どのような授業の内容や展開をすれば、児童・生徒はこれら３つについて、十分な成果を得られるのでしょうか。これを児童・生徒ではなく、一般的なコンサートの聴衆、つまり成人となった社会人にも、あてはめてみることができます。人の学習というのは学校の時期だけでなく、生涯を通して行われ、また生涯を通して発達するという、生涯学習や生涯発達の考えについては、ここで詳しくお話しする必要がないほど、今の日本では普及しています。

演奏会に足を運ぶ人たちは音楽を楽しむために来ているのであって、音楽を学習するのが目的ではないと言われるでしょう。しかし私に言わせれば、音楽を聴いて感動する、感動しなくても、「いい音楽を聴いた」、「音楽を聴いてよかった」と思えるときには、その人は「主体的・対話的な深い学び」を経験しているのです。

たとえば、夕方に散歩していて偶然にもすばらしい夕焼けや夕日を見たときに、自然の神秘や雄大さに感動を覚えるときがありますね。この時刻に散歩してよかったと思います。決してこの時刻に家を出ればすばらしい光景に出会えると、意図したわけではありません。そして夕焼けや夕日に感動して学ぶという実感はないかもしれませんが、同じような感動は小説を読んだり絵画を見たりしたときにも、味わうことができます。このような経験によって、これまでの考えや感じ方も影響を受けて、新しい世界が開けるのであれば、まさに「学び」であると言えるでしょう。

音楽の鑑賞授業で、「主体的・対話的で深い学び」を実現するためには、前述した3つの目的に記載された順番ではなく、逆の順番で、ＴＡとしての活動を実践していくことが求められているように思います。出発点にあるのは、これまでさまざまな経験をした「私」であって、この「私」がエントリーポイントを入り口として、アクティビティを通して、音楽の世界に入っていくことで、音楽を感じ、判断し、理解します。そして最後に、こうした経験を通して学んだことが、経験となり、次の経験の前提となっていきます。

「生きる力」として強調されてきた、①生きて働く「知識・技能」の習得、②未知の状況にも対応できる「思考力・判断力・表現力等」の育成、③学び

図表 6-3　音楽鑑賞を通しての主体的・対話的な深い学び

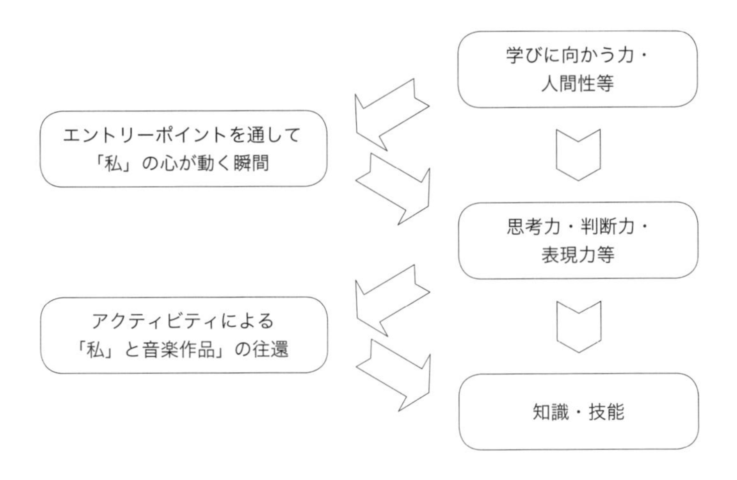

6

を人生や社会に生かそうとする「学びに向かう力・人間性等」の涵養が、３つの資質・能力として、音楽鑑賞の授業によって習得されるのであれば、音楽鑑賞は「私」の世界や経験をより深いものにし、人間としての成長を促すものであることは言うまでもありません。このことが、「教科を超えた学習の基礎となる力の育成」にもつながるでしょう。ここに、私たちは学校教育における音楽科の必要性を見ることができるのではないでしょうか。

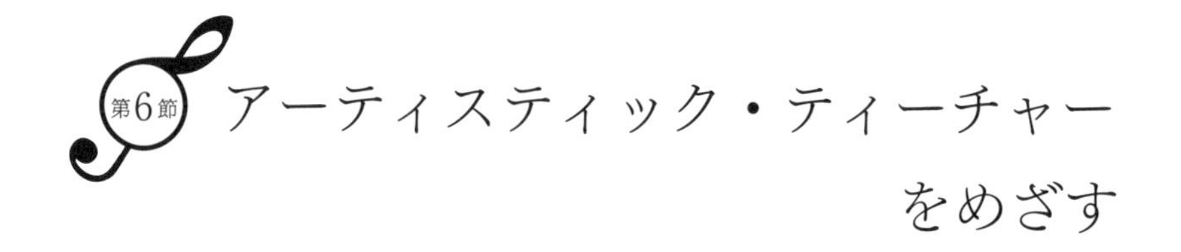

第６節 アーティスティック・ティーチャーをめざす

学校教育における音楽科の有用性は、合唱や合奏などの集団活動による児童・生徒の社会性の発達などに認められる傾向にありますが、これまでお話ししたように、児童・生徒たちは音楽鑑賞を通して、新しい「私」を発見し、広げ、豊かにすることができます。どの曲を鑑賞するかが問題ではありません。どのように音楽の世界に、子どもたちを導いてあげるかが、決め手になるのです。具体的には、エントリーポイントの設定とアクティビティの実施のふたつです。このふたつを理解して実践を積み重ねていけば、あなたも立派なＴＡになります。

第２章第２節「ティーチング・アーティストにとって大切なこと」で、音楽鑑賞がスピリチュアルな世界に通じるという話をしました。それはまさしく、音楽鑑賞そして音楽によって、聴く人の「私」の内面的世界が変容することを指しています。「ある曲を聴いて、人生が変わりました」という経験をした人は多いかと思います。しかし「ある絵を見て、人生が変わりました」という話はあまり聞きません。それは絵が空間芸術であるのに対して、音楽が時間芸術だからだと思います。同じ時間芸術である小説によって、人生が変わる経験をすることがあります。つまり、音楽鑑賞には一定の時間が必要であり、その時間に音楽を聴くことで、聴いている人の感情が揺り動かされるからでしょう。絵を見ていても同じような経験をするかもしれませんが、音楽の場合、音が目に見えない素材であることで、聴く人の精神への作用もよりダイレクトなものになり、感情が受ける影響もより大きなものとなるのでしょう。

すでに「80％の法則」もお話ししてありますね。ＴＡとして聴く人を音楽の世界に導く仕事は、ＴＡ、つまり指導者と聴く人どうしの「精神的なつながり」をより深いものにしていきます。教師と児童・生徒という関係にあれば、教師は学びや成長の良き指導者になります。一般のコンサートホールでは、演奏家は音楽という「惑星」からやってきた異星人（ＥＴ）で、聴く人を未知の世界に導いてくれます。それはワクワクドキドキする経験に相違ありません。学校の音楽の先生も異星人かもしれません。子どもたちをクラシック音楽という、すばらしい未知の世界へと導く案内人になってください。

本来の意味でのＴＡは、教育的スキルを備えた演奏家です。大学では音楽の専門教育を受けたが、教育を専門に学んだことが少ないことから、独学や現場経験を通して、教育的スキルを修得した音楽家です。しかし音楽科教員の方は、大学で音楽教育を専門に学んだ、つまり、音楽的スキルを備えた、実践的な教育家です。ＴＡが子どもたちを音楽の世界に導いたように、たとえＣＤやＤＶＤを利用するにしても、どうぞ自信をもって、同じように、子どもたちを音楽の世界へと誘ってください。私はこのような音楽科教員の方を、これから「アーティスティック・ティーチャー（ＡＴ）」と呼びたいと思います。

実践篇

第7章

独奏曲

第1節 J.S.バッハ「小フーガ」ト短調

[概説]

J.S.バッハの作品のなかで鑑賞曲として最もよく知られているのが、「小フーガ」ト短調です。フーガというのは形式ではなく、(演奏) 様式であることを、最初に確認しておきましょう。つまり、フーガというのは、即興方法のひとつで、主題や動機などを対位法的に即興する方法なのです。そのために 17～18 世紀には、今日なら「フーガ」と呼んでいい楽曲に、「ファンタジア」という名称が与えられていました。この時代のファンタジアを「幻想曲」と考えてはいけません。

図表 7-1　4声のフーガ主題のマッピング例（＊＝主題の入り）

小節		5	10	15	20	25	30
ソプラノ	＊				＊		
アルト	＊						＊
テノール			＊			＊	
バス			＊				＊
調	C :		G :		a :		C :

フーガ作品を考察する場合、一般的には、継続的に模倣されて現れる主題を追跡し、主題の変奏や調を示して、マッピングすることが多いようです。主題がマッピングされた図表を見ながら音楽を聴くのも効果的です（図表7-1）。

こうすれば「知的理解」ができてそれなりに満足できるのですが、もっと楽しくフーガを聴くには、どうしたらよいでしょうか。

[エントリーポイント]

ここでは「模倣」という技法に注目します。特定のメッセージ（主題）を模倣して、それを順次伝えるという伝言ゲームをしたいと思います。さらに、そのメッセージの内容を身体で表現するのです。こうすれば、フーガの主題とその展開の面白みが体験できるでしょう。

[アクティビティ]

Step 1 1グループ2～3名程度（1名でもかまいません）で、4グループ（A～D）を作ります。4つのグループは横に並びます。グループに参加しない人は、グループのアクティビティを観察します（図表7-2）。

図表7-2　グループの作り方

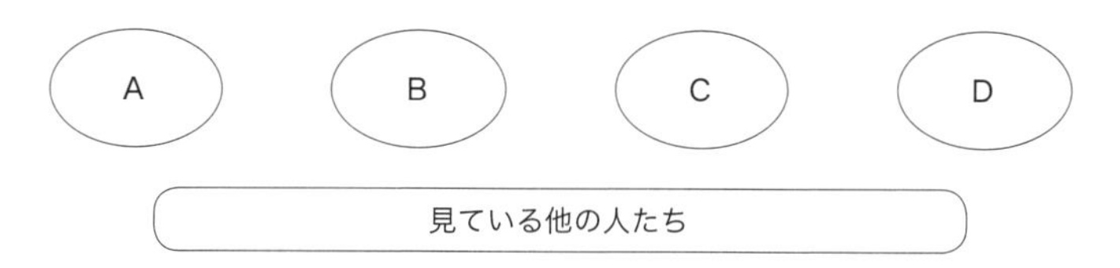

Step 2「伝言ゲームをします」と、伝えます。最初は「悪い知らせ」を伝えます。内容は自分たちで考えてもらいます。ただし個人の悪口や不吉なことは避けてください。「明日は遠足ですが、雨になるかもしれません」といった内容がいいと思います。隣のグループに伝言して、「悪い知らせ」を聴いたグループは、残念な気持ちを、表情や身振りで表現してください。2～3周したところで、グループでの伝言ゲームは終了します。

Step 3 次は、同じようにグループA～Dで伝言ゲームをします。Aグループからはじめますが、あるグループのところで、その「悪い知らせ」を「良い知らせ」に変えます。それを聞いた人はうれしい気持ちを身体で表現してください。どこのグループで知らせる内容を変えるかは、グループで相談しておいてもいいですし、決めずに即興でやってもかまいません。いずれの場合も、見ている他の人には気づかれないようにしてください。しばらくしたら、また「悪い知らせ」に戻してください。

Step 4 このようにして、「良い知らせ」や「悪い知らせ」を聞いたときには、そのときの気持ちを、身振りや表情で表現します。そして見ている他の人は、「知らせ」の内容が変わったことに気がついたら、大きな声で「チェンジ！」と叫んでください（図表 7-3）。

図表 7-3　伝言ゲームの進め方

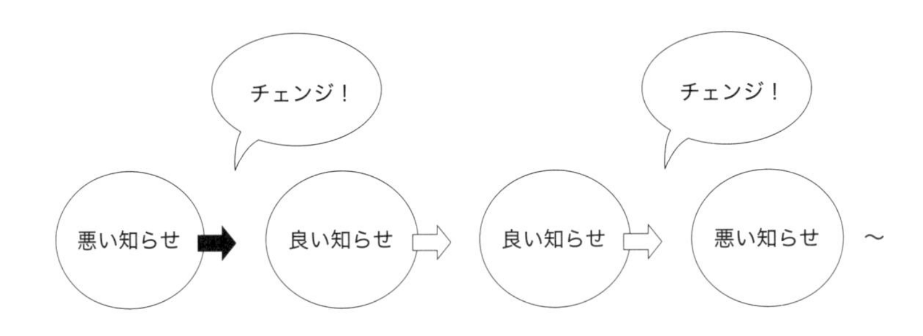

Step 5 これで終了にしてもいいのですが、さらに進んで、伝言するのを「知らせ」ではなくて、「小フーガ」の主題の最初の２小節（譜例 7-1）にしてもいいでしょう。

譜例 7-1

最初は短調の旋律ですが、途中で長調の旋律に変えて伝えていきます。身体で表現したり、旋律を歌ったり、演奏したりしてください。聴いている他の人は調が変わったら、「チェンジ！」を叫んでください。

旋律を伝えるときに、いつも同じ高さで伝えることはありません。最初は、「ソレシーラ　ソシラソファラレ」ですが、これを５度上にして、「レラファーミ　レファミレドミラ」と伝えてもいいです。そのときは、どのような表情や身振りをしたらよいのかを、考えてください。

[補足説明]

バッハが音楽家として生涯大切にした楽器はオルガンでした。幼いころからオルガンを学び、最初に就いた職業も教会のオルガニストでした。礼拝などでオルガンを演奏することもありましたが、同時に、弟子をとってオルガンを教えることも、バッハにとっては家計を支える重要な収入源でありました。そのためか、現在残されているオルガン曲のほとんどが、多くの弟子を育てることのできたヴァイマール宮廷に務めていた時期の、レッスン用に作曲されたものです。バッハの時代には、教会などでオルガン演奏会が開催されることは、一部の例外を除いて、ほとんどありませんでした――その場合に、特定の楽曲が演奏されるのではなく、オルガニストの即興演奏が披露されました――。そのためにオルガン曲の多くは手稿譜のみで伝承され、その一部のみが出版されたのです。

バッハのオルガン曲はこのジャンルにおいて特異な位置を占めています。オルガン音楽の伝統が衰退している時代にあって、中部ドイツという地理的位置も有利に働き、ヨーロッパのさまざまな地域のオルガン音楽の伝統――イタリア：フレスコバルディ、ヴィヴァルディ、フランス：グリュミオ、マルシャン、南ドイツ：フローベルガー、フィッシャー、北ドイツ：ブルーンス、ブクステフーデ、リューベック、ラインケン――を積極的に吸収して、礼拝音楽の域を超えた、高度に芸術的な作品を生み出しました。「小フーガ」の愛称で知られるこの曲は、兄ヨハン・クリストフの筆写譜で伝承され、遅くとも1713年ごろまで――バッハが28歳のころ――には成立したと思われ、若きバッハの傑作と言える作品です。

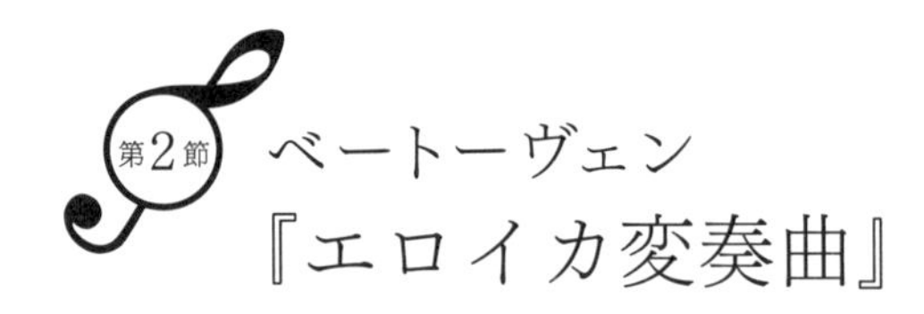

第2節 ベートーヴェン『エロイカ変奏曲』

[概説]

変奏曲を鑑賞する場合には、一般的には主題を最初に紹介しておいて、それがその後どのように変奏されるのかを、説明することが多いようです。同時に、変奏のさまざまな技法を教えたりもします。実際の演奏を聴いても、変奏曲の各曲を順番に聴くことで、変奏の面白さも体験できますので、鑑賞の授業の教材としては、比較的扱いやすいと言えるでしょう。しかしその反面、変奏曲の多くが鍵盤曲であるため、前述したようなまとまりがあって、コンパクトな授業になりがちで、説明にしても実際の鑑賞にしても、あまり大きな広がりが感じられないという、もどかしさがつきまとうものです。

ここでは、ベートーヴェンの『エロイカ変奏曲』を紹介します。変奏の技法としても独特ですし、ここで紹介するのはピアノ曲ですが、バレエ音楽や交響曲とのつながりもありますので、ベートーヴェンという作曲家や彼の創作についての理解にもつながるのではないでしょうか。

この変奏曲では、変奏主題の提示の仕方が独特です。「イントロダクション」の最初に提示されるのが、変奏主題のバス声部なのです（譜例 7-2）。それに続いて、このバス声部の旋律に別の旋律が付加されて、「２声部」となります（譜例 7-3）。次はさらに声部が追加されて「３声部」になります——譜面上では２声部に見えますが、音域を考慮すると、３声部になります——。バスの旋律は１オクターヴ高くされ、追加された旋律も、これまでのとは異なる旋律となります。そしてバスの旋律はさらに高くされて、３つの声部が付加されます。最終的には「４声部」の楽節となるわけです。こうして徐々に声部の数が増えていったところで、はじめて主題のバス声部と上旋律がそろって登場するのです（譜例 7-4）。主題が提示された後は、通常の変奏曲となり、15 の変奏が展開され、最後は変奏主題によるフーガとなります。

譜例 7-2

譜例 7-3

譜例 7-4

[エントリーポイント]

主題の上・下旋律はきわめて単純なので、ピアノなどで弾いてみて覚えます。そして1小節にふたつの4分音符が含まれることを確認して、どのようなリズム分割が可能かを調べてみます。さらにベートーヴェンの変奏曲におけるリズム変奏を体験します。

[アクティビティ]

Step 1 主題の上・下声部の各旋律を、ピアノなどで弾いて覚えましょう（譜例 7-4）。

質問：上旋律はどのような特徴をもっていますか？

質問：下旋律はどのような特徴をもっていますか？

Step 2 主題の上・下の旋律をいっしょに歌ってみましょう。下旋律を楽器で演奏して、上旋律を歌ってもかまいません。

質問：上・下の旋律はどのような関係になっていますか？　響きやリズムの視点から観察してください。

Step 3 2分音符4つ（2小節分）の音符をリズム分割する方法を、できる限りたくさん紹介してください。2小節間は同じリズムであるとします。いくつかの例を、次ページに挙げておきます（譜例 7-5）。

質問：細分したリズムはどのような特徴をもっていますか？

Step 4 主題の上・下旋律を歌いながら、上記のリズムを手拍子で打ってみましょう。さまざまな組み合わせを考えてください。上・下旋律でリズムを変えたり、入れ替えたりしてもいいでしょう。また、分割する方法の順番を変えてその違いを考えてみましょう。

Step 5 ベートーヴェンの『エロイカ変奏曲』を聴いてみましょう。

質問：ベートーヴェンはどのように主題のリズムを細分し並べていましたか？　みんなで話し合いましょう。

譜例 7-5 リズムの分割方法の例

[補足説明]

ベートーヴェンがピアノのために作曲した作品としては、32 曲のピアノ・ソナタがよく知られていますが、変奏曲としてはこの『エロイカ変奏曲』と『ディアベリ変奏曲』が有名です。

『エロイカ変奏曲』で使用された主題は、実は過去に２回使用された主題でした。１回目は『オーケストラのためのコントルダンス』(WoO［作品番号なし］16) で、２回目はバレエ音楽『プロメテウス』(作品 43) の最終楽章でした。ベートーヴェンはよほどこの主題が気に入っていたらしく、これを変奏主題として用いたピアノ曲を作曲しました。そしてさらに『交響曲第３番』「エロイカ」の第４楽章でも、この主題を使って変奏を行ったのです。ここからピアノのための変奏曲が「エロイカ変奏曲」と呼ばれるようになりました。

しかし「エロイカ」という名称はピアノ変奏曲の後に作曲された交響曲に由来しますので、本来は「プロメテウス変奏曲」と呼ぶべきでしょう。今日ではこの名称で呼ぶ場合もあります。いずれにせよ、交響曲やバレエ音楽などで使用されたときの音楽を、ぜひ聴いてみてください。ベートーヴェンの創作のダイナミックな広がりが実感できるでしょう。

第3節 ショパン『練習曲集・作品10』より「革命」

[概説]

器楽曲の中でも、特に標題をもたない鍵盤楽曲を鑑賞教材にするのはそう簡単ではありません。この章の第１節ではフーガ、第２節では変奏曲を紹介したように、作曲技法的な視点からエントリーポイントを考察し、楽曲の展開を追体験するというアクティビティを採用しました。同様に、第４節と第５節では、楽曲の音素材をエントリーポイントにして、創作的要素を入れたアクティビティを提案します。

しかしこの節では、ピアノという楽器を使ったアクティビティを考えてみました。エントリーポイントは、ピアノを弾くという身体的運動を経験して、楽曲の理解につなげるというものです。鑑賞教材としては、ショパンの『練習曲集・作品 10』を選びました。この曲集には、「別れの曲」や「革命」など有名な曲が含まれていますし、「革命」は成立のエピソードから鑑賞曲として選ばれる機会の多い曲です。

ショパンは「ピアノの詩人」として、リストと並ぶ、19 世紀のヨーロッパの音楽界の寵児でした。ピアノの演奏技術が幼いころからの訓練を通して修得されるということは、昔も今も変わりません。特に子どもにとっては、ピアノの演奏は多くの苦労を伴います。というのも、ヴァイオリンには「分数ヴァイオリン」と呼ばれる子ども用の楽器がありますが、ピアノの場合は、大人が弾くのと同じ大きさの楽器を演奏しなくてはならないからです。

またピアノには特有の難しさがあります。ピアノは鍵盤を指で押すことによって、音を出します。強い音を出すときには、強く指を押します。演奏では両手の 10 本の指を使用しますが、薬指や小指はとても弱く、また親指だけが向いている方向が違います。均一な音を出すためには、弱い指を鍛えなくてはなりません。また手を左右に移動させる場合には、親指を手の下に潜らせなくてはなりません。

ここでは、ピアノの演奏技法のなかでも難しいいくつかを体験したいと思います。２種類の分散和音の奏法、半音階的進行、黒鍵のみの打鍵です。

図表 7-4　和音を弾く

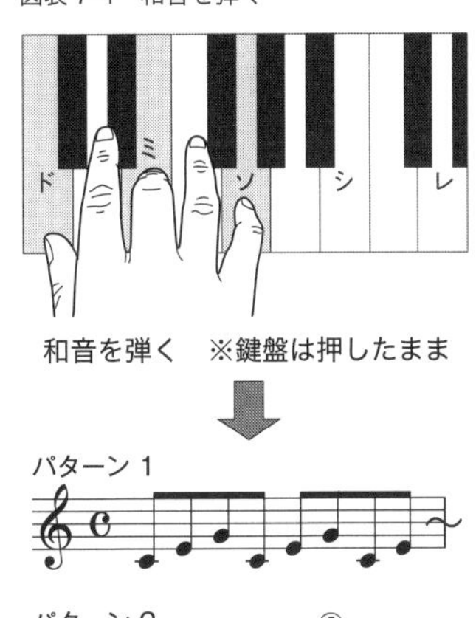

[エントリーポイント]

ピアノの演奏技法のいくつかを体験して、ピアノ曲を演奏者の視点から鑑賞します。

[アクティビティ]

Step 1 和音（ド、ミ、ソ）をひとつ決めます。まず同時に３つの音を弾いてください。難しい人は人差し指だけで別々に弾いてもかまいません。いろんな和音（ソ、シ、レなど）で試してみましょう。

Step 2 図表 7-4 のパターン１のように、和音の音を分散してみましょう。8分音符４つをひとグループにして、弾いてください。音の順番を自由に変化させてもかまいません。

Step 3 図表 7-4 のパターン２のように、和音を１オクターヴ上で反復してください。数字は指の番号で、①＝親指、②＝人差し指、③＝中指、④＝薬指、⑤＝小指を表しています。

和音の３つの音（ド、ミ、ソ）を①、②、③で弾いてから、１オクターヴ上のド、ミ、ソを①、③、⑤で弾いてみましょう。このときの親指の動きに注意して、できるだけ滑らかに弾いてみてください。

Step 4 ピアノの鍵盤を白鍵と黒鍵の区別なく、並んでいる順番に弾いてみ

図表 7-5　半音階の弾き方（運指）

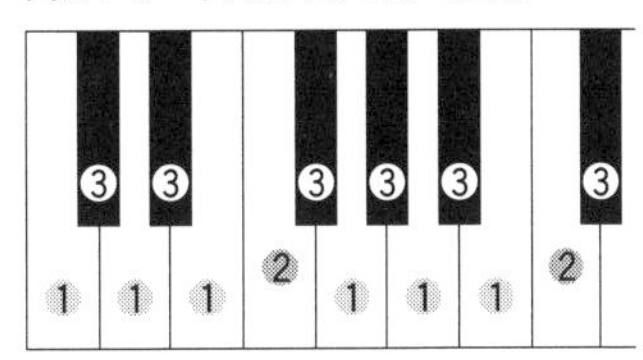

てください。図表7-5のように、①、②、③で弾いてみましょう。慣れてくれば、どんどん速くしたり、上下に移動させたりしてみてはどうでしょうか。

どの音から出発しても、同じ音階になることを確かめましょう。

Step 5 ピアノの黒鍵だけを順番に弾いてみてください。黒鍵が３つ連続しているところの最初の黒鍵を、①で弾いてみるといいでしょう。そうすると、①、②、③で３つを弾いて、次のふたつは①、②で弾くことができます。うまく弾けるようになるまで、練習してみましょう。

質問：黒鍵だけを弾くと、どんな感じの音階になりますか？

Step 6 ４つのピアノ奏法を確認します。最初のふたつは分散和音、３番目が半音階奏法、そして最後が黒鍵のみの打鍵です。

Step 7 ショパンの『練習曲集・作品10』の第11曲、第１曲、第２曲、第５曲の順番に聴いてみましょう（譜例7-6）。

指の動きを想像しながら聴いてみましょう。ＤＶＤによる演奏録画があれば、指の動きと音楽の動きの関係を観察してみてください。また実際にその通りにはできなくても、音楽に合わせて指を動かしてみましょう。

Step 8 最後に、全12曲を通して聴くか、あるいは、第12曲の「革命」を聴いてみましょう。

質問：どのような演奏技法が使われていましたか？

[補足説明]

ショパンはフランス人の父とポーランド人の母の間に、ポーランドのワルシャワ近郊で生まれました。一家はワルシャワに移住し、13歳になったショパンは専門的な音楽教育を受け、３年後にワルシャワ音楽院に入学します。19歳で卒業したのち、ウィーンで演奏会を開いて大成功を収めます。

ショパンは20代前半までに多くのジャンルでピアノ曲を作曲しています。『練習曲集・作品10』もそのひとつです。

1830年10月、ショパンはワルシャワで最後の演奏会を開き、『ピアノ協奏曲第１番』などを披露します。その後ウィーン経由でパリに向かい、活動の地とします。第12番の「革命」はパリに行く途中、ロシア占領下にある祖国の民衆を思って作曲されたと言われています。

第12番のようなニックネームをもつ練習曲には、第1曲「滝」、第2曲「半音階」、第5曲「黒鍵」(第66小節の2拍目のヘ音を除く)、第11番「アルペッジョ」があります。いずれのニックネームも、ピアノの演奏技法を象徴するものとして注目してよいでしょう。

譜例 7-6

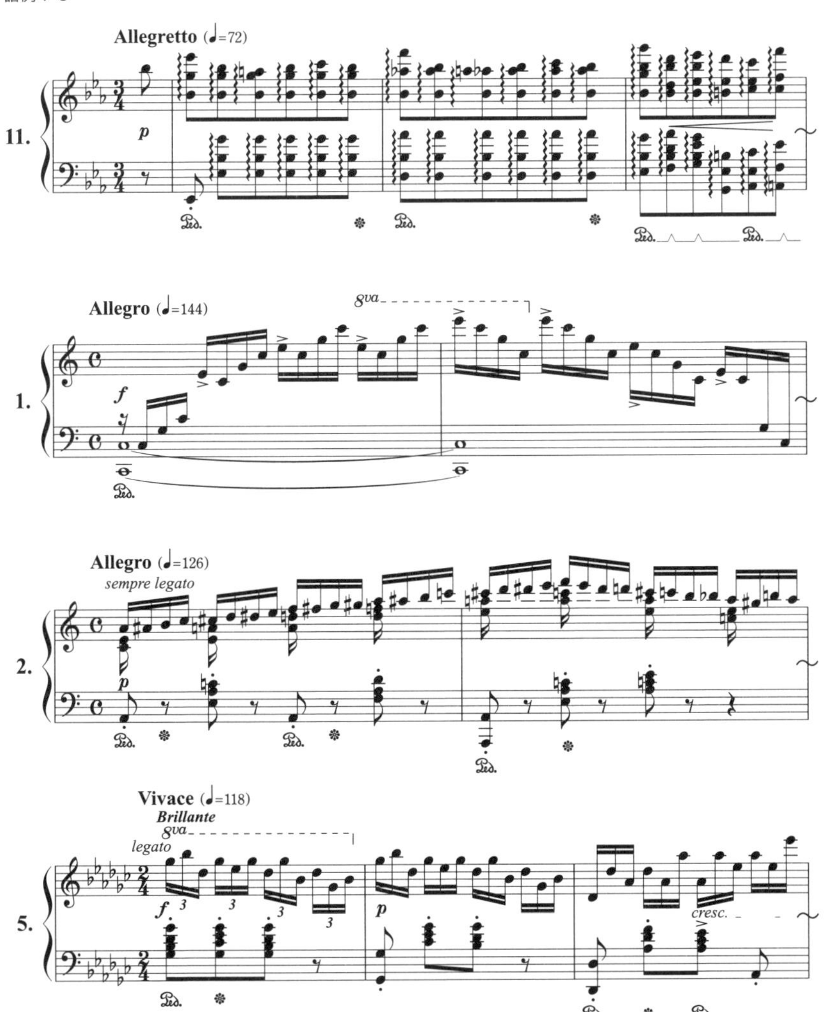

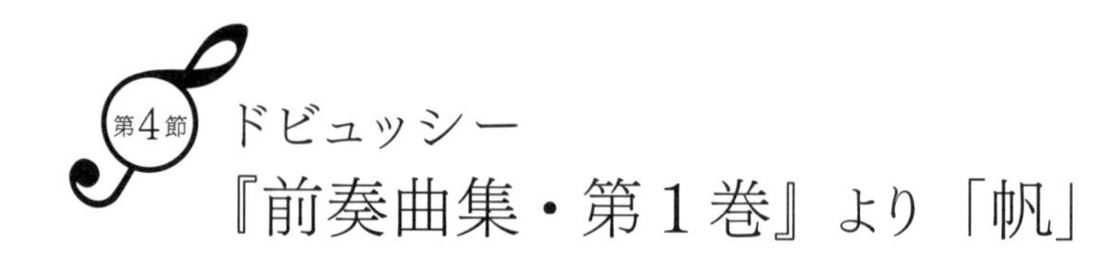

第4節 ドビュッシー『前奏曲集・第1巻』より「帆」

[概説]

ドビュッシーの音楽はかつて印象主義、そして近年では象徴主義の音楽と評されます。特に彼が象徴派の詩人マラルメなどに傾倒していたことから、彼の音楽もこうした詩や絵との関連で説明したり、鑑賞したりすることが、一般的によく行われるようになりました。詩を朗読したり、絵画を見たりしたときの「印象」と、音楽を聴いたときの「印象」を、相互に比較してみるのも、いいかもしれません。

ここからさらに一歩進んで、ドビュッシーの音楽を体験的に鑑賞することはできないでしょうか。ここでは、ドビュッシーのピアノのための『前奏曲集・第1巻』の第2曲「帆」を例にして、彼の音楽を音素材の側面から鑑賞する方法を提案します。

音素材から音楽を考察するというのは、旋律や和音などで音がどのような関係でつながっているかを、調べることです。この関係がどうあるかによって、音楽は調性をもったり、次節で見るような「無調」になったりするのです。ドビュッシーの「帆」を聴く前に、「調性」とは何かを簡単に見ておきましょう。

調性は3つの要素、すなわち全音階、3和音、そして和音の働きから構成された複合的な現象です（譜例 7-7）。全音階とは、長音階と短音階の2種類の音階です。3和音とは3個の音からできた和音ですが、3度の音程の積み重ねによってできる和音をも意味します。そして和音の働きとは和音の「機能」とも呼ばれ、「トニック」「ドミナント」「サブドミナント」という3つの機能があります。トニックは楽曲や楽節を終止する働きがあり、ドミナントとサブドミナントは共にトニックを導く働きがありますが、さらにドミナントにはドミナントを導く機能があり、その場合は最初のドミナントは「第2ドミナント」と呼ばれたりします。

調性を構成するこれら3つのうち、ひとつでもその働きが弱くなったり欠落したりすると、調性の力も減少していきます。たとえば、全音階の代わりにペンタトニック（音階）が使用されたり、3和音の代わりに4和音や増・減和音が使用されたり、ドミナントの和音がなかなかトニックの和音に進行しないなどの現象が生じると、調性の存在は「揺らいで」きます。無調音楽になると、3つの要素すべてがない状態であると考えられます。

今回鑑賞する「帆」では、全音音階とペンタトニック（音階）が使用されます。また増3和音が連続して使用されることから、記譜上は3度の積み重ねのように見えますが、3和音や和音の働きを確認することも難しくなっています。

譜例 7-7

[エントリーポイント]

全音音階を自らで創作して、音の重なりを楽しみ、実際に曲を創作してみます。

[アクティビティ]

Step 1 ピアノの鍵盤を見ながら、ある音から出発して、ひとつ隣の音を抜き出して並べてみてください。つまり白鍵あるいは黒鍵が間にひとつはさまるようになります。そして出発する音をさらに隣の音（最初のときにとばした鍵）

にして最初と同じように、ひとつおきに音を抜き出してください。

Step 2 こうしてできたふたつの音階を、ピアノなどの楽器で演奏してみてください。

質問：普通のドレミファソラシドの音階と、どこが違うでしょうか？

譜例 7-8 にあるの上の方の音階は、ハ音（ド）から出発した場合で、下の方の音階は、ハ音の隣の変ニ音（レフラット）あるいは嬰ハ音（ドシャープ）から出発した場合です。

譜例 7-8

このような音階は「全音音階」と呼ばれます（図表 7-6）。Step 1 の続きとして、さらにひとつ隣の音から出発すると、最初の音階と順序は異なりますが、音としては同じになります。従って全音音階は、譜例 7-8 に示したような、2種類しかありません。その結果、調の感覚も希薄になり、調性を生じることもないわけです。

図表 7-6　全音音階（譜例 7-8 の上の音階）

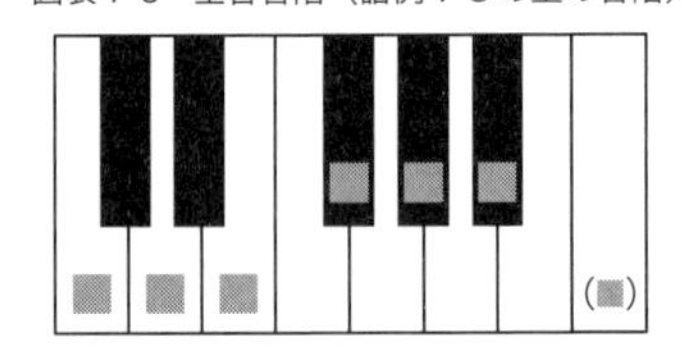

Step 3 この音階の音を使って、好きな旋律を作って、みんなで聴き合ってみましょう。どんな感じがするかを、話し合ってみてください。

Step 4 この音階のひとつ隣どうしの音を積み重ねて、和音を作ってみたり、隣の音どうしを積み重ねて和音を作ってみたりしましょう。ひとつの音階からは2種類の和音しかできないことを確認してください。どんな響きがするかを、話し合ってみましょう。

Step 5 全音音階のどの音でもいいので、ひとつ音を選んで、ピアノの低い音域で、連続して響かせてください。そしてその響きを連続させながら、創作した旋律や和音を演奏してみましょう。響きがどのように重なり、溶け合うのかを、確かめてください。
Step 6 ドビュッシーの「帆」を聴いて、音楽を聴いた感じを話し合いましょう。また途中で曲の感じが変化する部分があります。前後の部分とはどうして違って聴こえるのかを、考えてみましょう。最後に、ドビュッシーはどうしてこの曲に「帆」という標題を与えたのかを、考えてみてください。

[補足説明]

ドビュッシーの「帆」の音楽は無調音楽であるということはありませんが、調性が「揺らいだ状態」にあると言えるでしょう。

調性は旋律や和音を終止に向かわせる力をもっているだけでなく、拍節や拍子の感覚を生み出します。冒頭でピアノの右手が奏するモチーフが強拍と弱拍のいずれでも現れるのも、調性が揺らいでいるためです。ここから、調性と拍子が相互に関係していることがよくわかります。またドビュッシーが「帆」という標題を与えた理由も、ここから想像することができるのではないでしょうか。

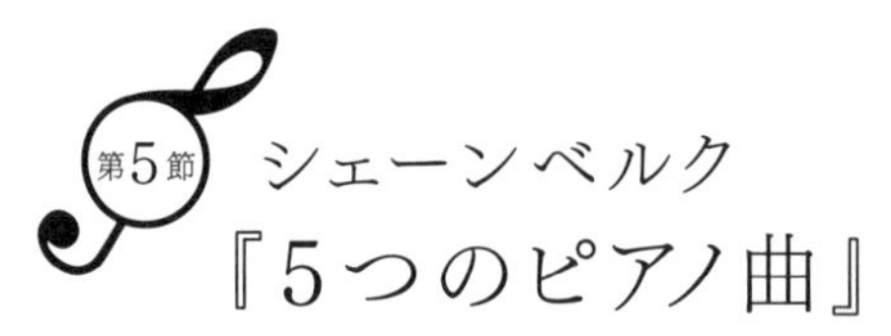

シェーンベルク『5つのピアノ曲』より 第5曲「ワルツ」

[概説]

シェーンベルクが12音技法で作曲した曲を、中学生や高校生に鑑賞させるのは難しいように思えますが、伝統的なクラシック音楽にあまり親しんでいなければ、意外に興味深く聴いてくれるかもしれません。

12音技法の基本的な原理は簡単です。1オクターヴ内にある12の音をすべて平等に使用するということです。このことでひとつの音は12分の1の確率で出現することになりますが、ただ12個の音が出現する順番が「音列」として決められています。

これによって隣どうしにある音の音程は固定されますので、音列を最初に設定する場合、ハ長調やト長調といった調を感じさせる音程（完全音程や長短3度あるいは6度の音程など）の連続は、避けるようにしなくてはなりません。実際の作曲では、音列の音は水平に（旋律として）、あるいは垂直に（和音として）使用されます。ただし、リズムはまったく自由に設定することができます。

[エントリーポイント]

12音の音列を決めて、無調の音楽を作曲してみます。調的な響きを避けることがいかに難しいかを体験することで、シェーンベルクの作曲プロセスを追体験します。

[アクティビティ]

Step 1 まず1オクターヴの中に12個の音があることを知ってもらう必要があります。ピアノの鍵盤を使って、音の数をかぞえてもらうといいでしょう。

どの音からはじめてもいいので、♯や♭の臨時記号を使って、図表 7-7 の五線譜上に、12 の音を記入してください。譜例 7-9 には、一例が示されています。

図表 7-7

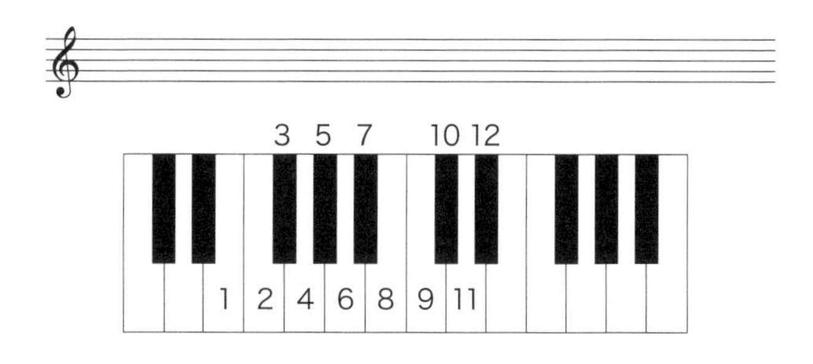

譜例 7-9　オクターブ内の音の配列例

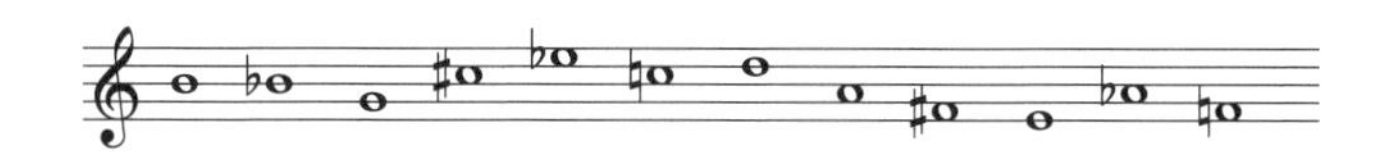

Step 2 これらの音を自由に、できるだけ「でたらめに」並べるようにします。歌うのは容易ではありませんので、ピアノや鍵盤ハーモニカを使えばいいでしょう。図表 7-8 にこれら 12 の音を記入してください。

図表 7-8

質問：「でたらめな」並びにするために、どのような工夫をしましたか？

Step 3 拍子を4分4拍子にし、リズムをつけて、図表7-9に4小節の旋律を作ってください。4分音符と8分音符だけを使用してください。あまり短い音符を使用すると演奏するのが難しくなってしまいます。

図表 7-9

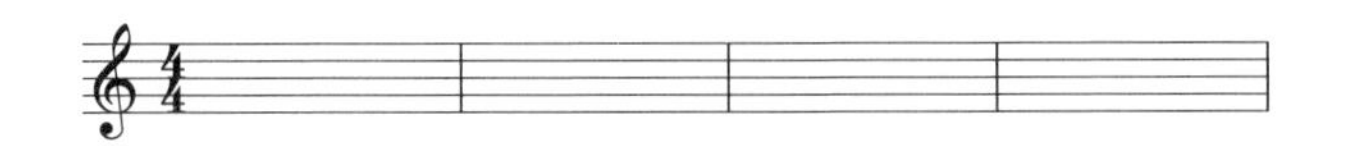

Step 4 次はこの旋律にもうひとつ旋律を足してみます。ただし、音の順番はStep 2で作った配列とまったく逆にして、後ろから音を選んでいってください。図表7-10に記入してください。

図表 7-10

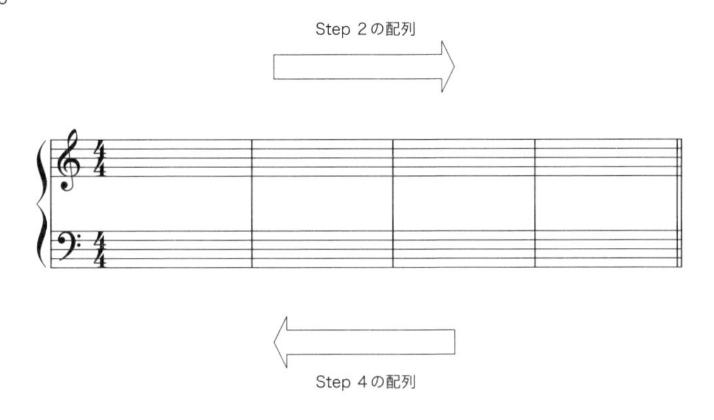

Step 5 Step 4でできた2声部の楽節を演奏してみましょう。和声的な響きがしていないか、調べてみましょう。もしそのように響いた箇所があれば、順番を変えたりリズムを変更してみて、調整してください。

Step 6 譜例7-10の音列は、シェーンベルクが『5つのピアノ曲』の第5曲「ワルツ」で使用した音列です。ピアノで何回か弾いて、覚えましょう。

譜例 7-10

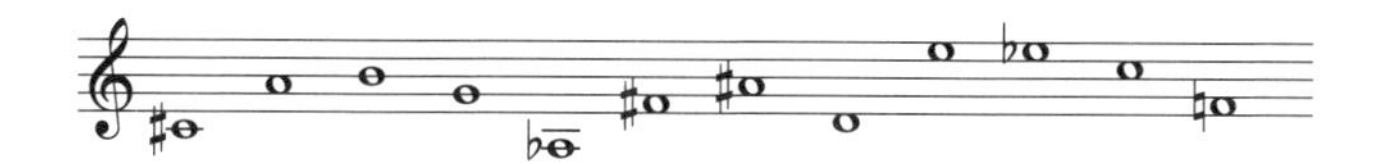

質問：「でたらめな」音列になるようにするために、シェーンベルクはどのような工夫をしていますか？

Step 7 シェーンベルクの『5つのピアノ曲』の第5曲「ワルツ」を聴いてみましょう。Step 4で作った音楽と、どのような点で異なっていましたか？ みんなで話し合いましょう。

またこのような曲を聴いて、どんな気分になりましたか？　どんな情景や場面を表現するときに、このような音楽は効果的ですか？　グループで話し合ってみましょう。

本書の第10章第4節で紹介するシェーンベルクの『月に憑かれたピエロ』を、参照してください。

[補足説明]

第1次世界大戦が終わって数年たった1921年の夏、シェーンベルクは散歩の途中、弟子のルーファーにこう漏らしたと言います。「私はひとつの発見をした。これで今後100年間のドイツ音楽の優位が保たれるであろう。それは12の音で作曲する方法である……」

この方法こそ、今日「12音技法」と呼ばれるもので、その基本となる方法はすでに説明したとおりです。この方法を用いると、調性に縛られることなく自由に音を使うことができました。そしてその調性の代わりとして音楽の連関性を保証したのが、音列でした。

一般の聴衆がこの音楽を聴くのは容易ではありません。彼の「12音音楽」は大衆に背を向けた「秘儀的」な音楽と捉えられ、なかなか理解されませんでした。しかしその一方で、この方法はシェーンベルクが予想したとおり、彼の弟子をはじめ、20世紀の作曲家に大きな影響を与えました。

7

第8章

室内楽

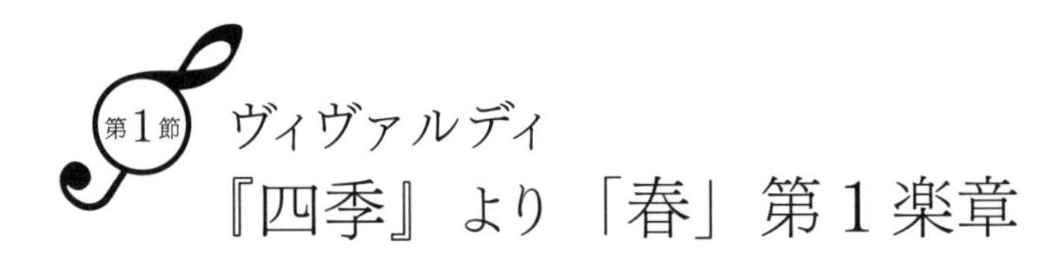

第1節 ヴィヴァルディ 『四季』より「春」第1楽章

[概説]

中学校の鑑賞授業で「定番」となっているのが、ヴィヴァルディの合奏協奏曲『四季』です。春夏秋冬をテーマにした、「春」「夏」「秋」「冬」という４つの協奏曲です。これら４曲が『和声と創意の試み』（作品８）という 12 曲からなる曲集の中の第１～４曲であることは、あまり知られていません。

曲集名にある「和声」は今でいう和声ではなく、広く音楽を意味しています。そして「創意」というのは、バッハの「インヴェンションとシンフォニア」でいうところの「インヴェンション」のことです。具体的には、主題や動機などを思いつくことで、さらには音楽作品の新しい構想という意味です。

『和声と創意の試み』という曲集は、これまでにない新しい発想で音楽を作ろうというチャレンジ精神にあふれています。曲集に収められた 12 曲のうち、『四季』の他に、「喜び」、「海の嵐」、「ピゼンデルのために」、「狩り」といった標題をもつ曲が４曲含まれています。さらに『四季』の各曲には、それぞれの季節を表現したソネット詩（14行詩）がつけられているのです。

鑑賞授業では、詩を朗読し、イタリアの季節を想像しながら、音楽を聴いたりすることが多いようです。たとえば、「春」の第1楽章ですと、「ヴァイオリンの独奏は鳥のさえずりを表現しています」と説明して、ヴィヴァルディの「音画」の手法を学んだりすることもあります。さらに協奏曲の形式を学ぶために、独奏と合奏との交代や、それによる音量や音色の対比に注目して聴いてみるという、分析的な聴き方をすることも可能です。

ここでは、ソネット詩をエントリーポイントとしつつも、参加者の創作活動を通して、この曲を鑑賞してみたいと思います。

[エントリーポイント]

ヴィヴァルディが楽曲につけたソネット詩から、音楽を想像し、バックグラウンド・ミュージック（以下ＢＧＭ）を創作してみます。そこから作曲者の意図を理解し、ヴィヴァルディの音楽との融合を試みます。

[アクティビティ]

Step 1 次の詩を朗読してください。

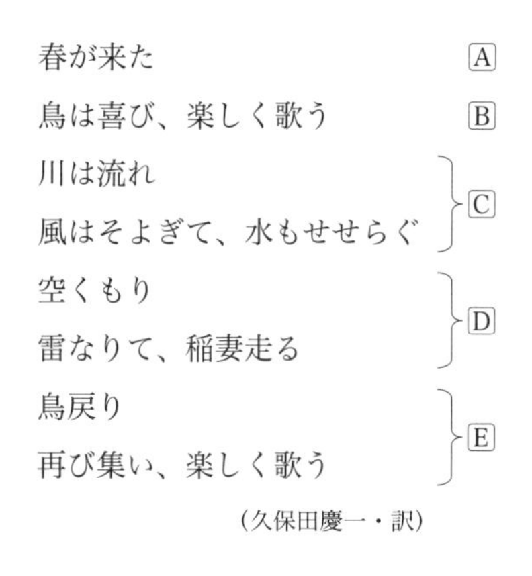
春が来た　[A]
鳥は喜び、楽しく歌う　[B]
川は流れ
風はそよぎて、水もせせらぐ　[C]
空くもり
雷なりて、稲妻走る　[D]
鳥戻り
再び集い、楽しく歌う　[E]
（久保田慶一・訳）

Step 2 [A]～[E]にそれぞれ描かれた情景のＢＧＭを、さまざまな楽器で表現してみましょう。そしてグループごとに発表してください。

質問：[A]～[E]のそれぞれのキーワードは何ですか？

質問：キーワードを表現するには、どんな楽器が適していますか？

質問：どのように演奏すれば、うまく情景が表現できますか？

Step 3 1人が詩を朗読しながら、ＢＧＭで伴奏をしてみましょう。どのような工夫をしたのかを、互いに発表してみましょう。

Step 4 ヴィヴァルディの『四季』の「春」の第1楽章を聴いてみましょう。

質問：譜例 8-1 には、ヴィヴァルディが[A]～[E]で使用したヴァイオリンの旋律が掲載されています。ヴィヴァルディは、[A]～[E]の情景をどう表現していましたか？

譜例 8-1

Step 5 上記の演奏に合わせて、自分たちのＢＧＭを演奏してみましょう。

質問：ヴィヴァルディの音楽に相応しいＢＧＭにするには、どうすればいいでしょうか？

[補足説明]

ヴィヴァルディは18世紀前半、広くヨーロッパで人気を博したイタリア人音楽家です。彼の父親はヴェネツィアの聖マルコ大聖堂で演奏するヴァイオリニストで、息子も小さいころから音楽の手ほどきを受けました。しかし息子は音楽家ではなく聖職の道を志し、25歳で司祭になります。先祖代々ヴィヴァルディ家の人は髪の毛が赤く、彼もその例外ではなく、「赤毛の司祭」と呼ばれていました。もっとも彼は幼いころから喘息を患い、この持病を理由に教会での仕事をすることなく、音楽活動に専念したのです。

彼はヴェネツィアにある女子の孤児院で、子女たちの音楽指導の仕事につきます。孤児院では職業訓練のために、音楽の才能のある女子を集めて弦楽オーケストラを編成し、演奏会を開催していました。当時としては珍しく「女子が演奏する」という話題も手伝って、この演奏会にはヨーロッパ中から多くの人が来訪しました。こうした彼女たちの演奏が孤児院の財政を潤したことも忘れることはできません。

ヴィヴァルディはこの演奏会のために多数の協奏曲を作曲し、また当時の音楽出版の中心地であるアムステルダムとロンドンで自作品を出版し、広くヨーロッパに普及させることに成功します。彼の協奏曲は全部で500余曲残っていますが、そのうちの230曲以上が、ヴァイオリンを独奏楽器とする協奏曲でした。

出版された協奏曲集のうち、当時の有力者に献呈された4つの曲集に標題がつけられました。ここで紹介した作品8は『和声と創意の試み』でしたが、その他に、作品3は「調和の霊感」、作品4は「ラ・ストラヴァガンツァ（奇抜な音楽）」、作品9は「ラ・チェトラ（キタラ：弦楽器の1種）」でした。「創意」、「霊感」、「奇抜」という言葉が用いられているように、ヴィヴァルディはこれら曲集において、独創的な手法を用い、大いに強調してみせたのです。

8

第2節 モーツァルト『ケーゲルシュタット・トリオ』より 第1楽章

［概説］

古典派の音楽を鑑賞授業の教材にするのには、ひと工夫が必要となります。鑑賞の手がかりとなる言葉やストーリーがほとんどないからです。確かに調の構成は楽曲を理解する手がかりにはなりますが、各部分の調を判定するのは、児童・生徒には難しい課題でしょう。

古典派の楽曲を作曲技法的に分析する際のキーワードとなるのが、「主題動機労作」です。これは、主題や主題に由来する動機を、複数の声部で模倣的に展開する方法です。この技法を用いると主題・動機的な統一性が得られ、また連続的な展開も可能となることから、古典派のみならず、ロマン派の作曲家たちにも、好んで使用されました。

ここでは、モーツァルトの『ケーゲルシュタット・トリオ』の第1楽章を例に、主題動機が展開されていく様子を体験してみたいと思います。実はこの方法は、作曲家でＴＡとしても活動しているレヴィーによって考案されたもので、「モーツァルトの風船」として知られているものです。ブースも著書『ティーチング・アーティスト』の中で、「エレガントでとても楽しい方法で、３つの楽器でひとつのテーマを交互に歌うことへの関心が、どんどん高められていきます」というコメントを寄せて、紹介しています。

レヴィーは風船を用い、身体活動も取り入れており、アクティビティは1時間15分ほどかかります。ここでは風船ではなく、マグネット・ピンを用います。ホワイトボードがあれば、簡単に風船の移動を実現することができます。また実際の楽譜をグラフィックデザインとしてみたてて、主題動機の配置を確認したいと思います。ここまでくれば、専門的な音楽分析に近づいていると言えるでしょう。

[エントリーポイント]

マグネット・ピンを用いて、主題動機を配置する可能性を探究します。モーツァルトが動機を実際に配置した様子を観察して、そこから生まれる動きや響きを体験します。

[アクティビティ]

Step 1 4つの色のピンが箱の中に入っています。箱からピンを4つ出して並べてください。どのような並べ方があるのかを考えてみましょう。このとき4つの層になるように配慮する必要があります。グループで考えて結果を発表し合いましょう。また下例に示したように、どのような工夫をしたのかを発表してください。

図表 8-1　ピンの並べ方

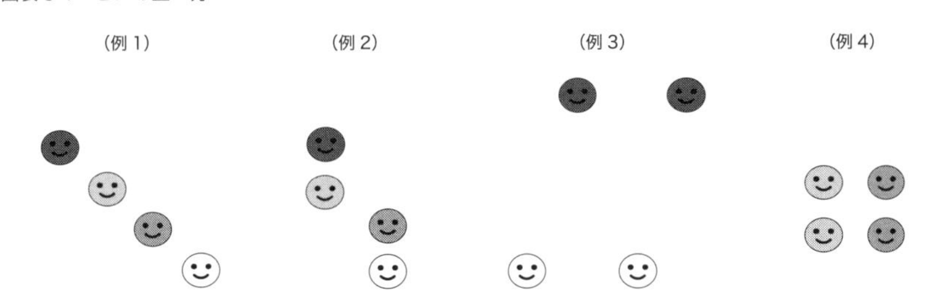

例 1：上から下へ、すべての色が順次下行している
例 2：上ふたつ、下ふたつがそれぞれペアーになって、下行している
例 3：一番下と一番上が交互に上・下行している
例 4：中間層でふたつがペアーになって並列されている

Step 2 譜例 8-2 に示した動機を、ピンと思ってください。

Step 1 でピンを並べたように、譜例の動機を並べて、パートに分けて歌ったり、異なる楽器で演奏したりしてみましょう。

譜例 8-2

Step 3 モーツァルトの『ケーゲルシュタット・トリオ』の第1楽章を聴いてみましょう。動機がどのように配置されて登場するかに注意して、聴いてみてください。

Step 4 譜例8-3を見て、登場した動機を□で囲んでみましょう。その際に、クラリネット、ヴィオラ、ピアノ右手、ピアノ左手の声部で、□で囲む線の色を変えてください。各部分で動機がどのように配置されているのかを調べてみましょう。そしてどのようなパターンがあるのかを、Step 1の図表8-1のように、図示してください。

Step 5 動機の位置が□で記された楽譜を見ながら、音楽を聴いてみましょう。

動機の配置のパターンによって、音楽のスタイルや響きがどのように異なるのかを、話し合ってください。

[補足説明]

「ケーゲルシュタット」とは、当時流行していたボーリングで、9本のピンを倒すことから「九柱戯」と訳されることがあります。モーツァルトはこの遊びの合間に作曲をしていたという逸話があり、この曲以外にも同じようなエピソードをもつ曲があります。

作曲されたのは1786年ですので、ウィーンに行って精力的に活動をしていたころです。クラリネット、ヴィオラ、ピアノという編成は一風変わっていますが、当時、モーツァルトの友人であったクラリネットの名手、シュタットラーを想定して作曲されたものと思われます。

ヤン・ステーン『宿屋の外で九柱戯をする人々』(部分)

譜例 8-3

第3節 モーツァルト『アイネ・クライネ・ナハトムジーク』より 第1楽章

[概説]

鑑賞教育において古典派の器楽曲を教材とするのは、一般的に難しいと言われています。すでに本書の第4章でも説明しましたが、古典派の作曲家たちは、標題や言葉などの音楽以外の要素に依拠するのではなく、音だけで楽曲を構成していくことを好んだからです。ですから作曲者も音楽をどう構成していくのかに、心血を注ぐことになります。現代の私たちが楽曲を紹介するときも、楽曲の成立背景の他に話すことが、音楽の構成や展開の仕方だけということにもなってしまいがちです。

19世紀になって音楽の専門教育が盛んになりますと、古典派の音楽作品の構成を説明する「楽式」という考え方が誕生します。その代表例が「ソナタ形式」でしょう。その結果、古典派の器楽曲を説明するのに、「ソナタ形式」で書かれていることを指摘するだけで事足れりとするようになり、鑑賞教育はこの「ソナタ形式」で書かれていることを、「耳で聴いて」確認することだけで終わってしまうようになりました。

「ソナタ形式」は主題の旋律面を強調しますが、古典派の作曲者たちは楽曲の各部分の調構成を重視し、楽曲に統一性をもたせるのも、調の構成――具体的には、主調から属調または平行調に転調し、再び主調に戻ってくるという構成――であると考えていました。

図表8-2は、古典派時代の器楽曲や声楽曲で、慣用的に使用された調構造を示したものです。前半と後半がそれぞれ反復される「反復2部分形式」です。この形式はバロックや古典派の時代の舞曲（アルマンド、クーラント、メヌエットなど）にも見られるもので、その後多くの作曲家に利用されるソナタ形式の原型と呼べるものです。

図表 8-2

（長調の場合）

‖：　主調　⇒　属調　：‖：　X調　⇒　主調　：‖

（短調の場合）

‖：　主調　⇒　平行調　：‖：　X調　⇒　主調　：‖

この構成さえしっかりしていれば、「ソナタ形式」の理論で示されるように、主題が性格の異なる「第1主題と第2主題」というふたつの主題に限定される必要もなかったわけです。モーツァルトなどはむしろ登場する旋律を多様にして、美しい旋律を無尽蔵に創造できる力を見せつけましたし、ハイドンは反対に、ひとつの主題から多様な旋律を生み出す、その精緻な作曲法を、楽譜を出版して販売するときのセールスポイントにまでしたのです。

ここでは、モーツァルトの『アイネ・クライネ・ナハトムジーク』の第1楽章を例にして、古典派の器楽曲を鑑賞する際のひとつの方法を紹介したいと思います。

[エントリーポイント]

第1楽章の前半部に登場する特徴的な旋律5つを紹介して、まずは同じ調で、これら5つの旋律の配列を自由に試みて、効果的な配列を考えます。

[アクティビティ]

Step 1 譜例 8-4 に掲載された5つの旋律（各4小節）を演奏したり、歌ったりしてみましょう（d と e はニ長調からト長調に移調してあります）。

質問：5つの旋律は、それぞれどんな特徴をもっていますか？

Step 2 これら5つの旋律を並べ替えて、自分たち独自の音楽を作り出してみましょう。

質問：5つの旋律を並べるときに、どのような工夫をしましたか？

質問：それによってどのような効果が得られましたか？

譜例 8-4

質問：どの並べ方がよかったですか？　その理由を説明してください。

Step 3 モーツァルトの『アイネ・クライネ・ナハトムジーク』の第１楽章を聴いてみましょう。

質問：５つの旋律はどのような順番に配列されていましたか？

質問：この配列にはどのような特徴があるでしょうか？

Step 4 Step 1 で演奏したり、歌ったりしたときと、今聴いたときとで、感じ（調）が違う旋律がありました。

質問：感じ（調）が違った旋律は、どれですか？

質問：感じ（調）が異なることで、どのような効果があったでしょうか？

[補足説明]

この楽章は前半部と後半部に分かれています。前半部では主調から属調に転調し、属調のＩ度の和音で終わります。この属調のＩ度の和音は主調のＶ度和音になりますので、前半部分は容易に、冒頭部分に戻ることができます。後半部分は属調からはじまり、やがて主調に戻ってきます。

この主調に戻ることは全体の構成を形作るうえでは大切ですので、聴いていてはっきりと「戻ってきた」ということがわかるようにする必要があります。そのために、作曲者は楽章の冒頭の主調部分に登場した旋律を、再登場させるわけです。

ベートーヴェンなどはこの「再現」をできるだけ効果的にすることに努力しました。特に主調のＩ度の和音を導くＶ度の音や和音を長く伸ばして、主調の再来は「いまか、いまか」と、聴く人の気持ちをじらしたりするわけです。もっといじわるをして、主調はまだ戻ってきていないのに、冒頭の旋律だけを主調で登場させたりします。そうすると、主調と属調とがぶつかりあって、不協和な響きがしました。これがまた、主調に戻ってくるときの緊張感を高めるのに、大いに貢献したわけです。

こうなると、音楽を鑑賞するのには、楽曲のこの部分が何調であるかがわかることが必要であることになります。しかしはたしてそうでしょうか。絶対音感があれば、各部分が何調であるかを示すことができます。しかし音楽鑑賞には、絶対音感が必ずしも必要ではありませんし、何調であることがわかる必要はありません。

ただひとつだけ必要なのは、安定していた調が不安定になって、つまり転調して、別の調に変わったことだけは、聴いてわかるようにしたいものです。つまり、各部分が何調であるかがわかる必要はなく、調の推移だけわかっていればいいことになります。明るい調から暗い調へ、あるいはより明るい調へ、また暗い調から明るい調へ、あるいはより暗い調へという変化なら、よく聴けばわかるはずです。

第4節 ベートーヴェン『弦楽四重奏曲第15番』(作品132)より 第3楽章

[概説]

古典派の器楽曲を鑑賞する際には、調の理解が必要であると説明しました。この時代になりますと、1オクターヴ内の12の音、すべてを主音にした長調と短調が使用されるようになります。つまり、使用される調は、全部で24の調ということになります。

この時代の教会音楽やそれ以前の音楽には、このような長調や短調の他に、教会旋法が用いられていました。後で詳しく説明しますが、私たちが長調や短調と呼んでいる調、あるいは、長音階や短音階も、もともとは教会旋法のひとつで、イオニア旋法やエオリア旋法と呼ばれていました。

こうした歴史的背景から、長調と短調やその基礎にある長音階と短音階と、教会旋法とが、ある意味で対立する要素として、すなわち、近代的なものと中世・ルネサンス的なものとの対比で論じられることも多いわけです。

ベートーヴェンは晩年、それまで苦しめられてきた難聴のほかにも、さまざまな病苦に襲われ、身体のみならず、精神をも蝕ばまれていきます。こうした困難の中、弦楽四重奏曲の創作を中断させた病苦の快復を神に感謝して、彼は当初は4つの楽章で構想した作品に、「リディア旋法による、病より癒えたる者の神への聖なる感謝の歌」と題する楽章を追加しました。

ここでは、リディア旋法(図表8-3)で歌われる歌が神への感謝という「宗教性」を、そしてニ長調という明るい調が「生の追求」を表現しています。旋法と長調を対比的に配置するという構成が、この楽章を支える構造にもなっているわけです。

この楽章では、ベートーヴェンが神に感謝し、そこに秘められた「生を飽くことなく追求する」という、深くて強靭な精神性を、ぜひとも私たちは共感したいと思います。こうした共感を得るためには、どのようなエントリーポイントとアクティビティが効果的なのかを、考えてみたいと思います。

図表 8-3　リディア旋法

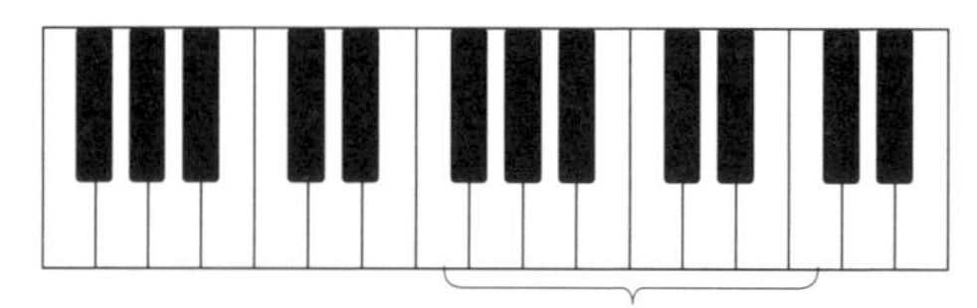

ファ、ソ、ラ、シ、ド、レ、ミ（ファ）という音の列が「リディア旋法」と呼ばれます。

[エントリーポイント]

リディア旋法の特徴を体験的に学び、その音楽的効果を学びます。そして長調（長音階）との対比が、楽章を構成する重要な要素であることを体験的に学びます。

[アクティビティ]

Step 1 ピアノなどを使って、リディア旋法（ファ〜ファ）を歌ってみましょう（図表 8-3、譜例 8-5）。

譜例 8-5

質問：長音階（ドレミファソラシド）を歌ってみてください。どこがどのように違いますか？

質問：リディア旋法はどのような感じがしますか？

Step 2 リディア旋法を使って簡単な旋律を作って（図表 8-4 に記入）、歌ってみましょう。ファの音ではじまって、同じ音で終わってください。２分音符だけを使用してください。互いに聴いて感想を述べ合いましょう。

図表 8-4

Step 3 譜例 8-6 は、ベートーヴェンが作曲した「聖なる感謝」の歌です。ピアノで弾いたり、歌ったりしてみましょう。

譜例 8-6

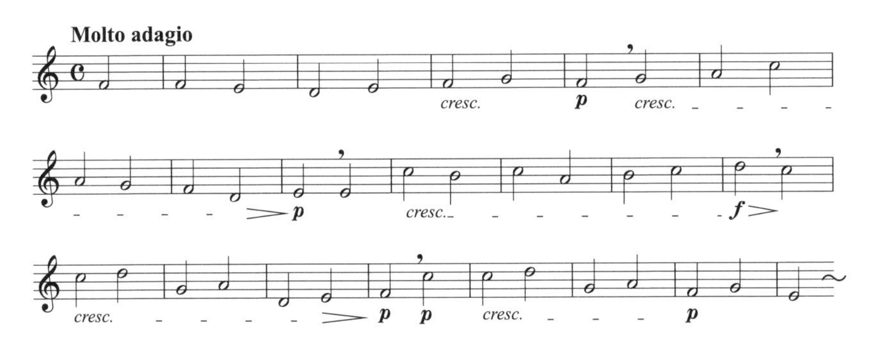

❜の部分に毎回短い間奏が入ります。

Step 4 レの音からはじまる長音階（ニ長調）をピアノで弾いたり、歌ったりしてください（譜例 8-7）。

譜例 8-7

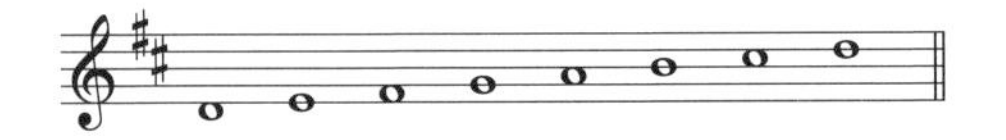

Step 5 次の旋律はベートーヴェンの「歓喜の歌」です。ニ長調で書かれています。歌ってどんな感じがするのか、確かめてみましょう（譜例 8-8）。

譜例 8-8

質問：リディア旋法とは、どこがどのように異なるのでしょうか。

Step 6 第３楽章を聴いてみましょう。

質問：リディア旋法とニ長調の対比は、どのように活用されていましたか？

質問：それぞれの部分は、それ以外の点で、どのように異なっていましたか？

[補足説明]

ベートーヴェンの後期の弦楽四重奏曲は、鑑賞曲として取り上げるのが難しい曲のひとつです。しかしそれは、作曲技法的な観点から分析して、その結果を音楽を聴いて確認しようとしてしまうからです。

この第 15 番（作品 132）の第３楽章も前述したように聴けば、晩年のベートーヴェンの苦悩と癒しを神に求める切実な思いが理解できるでしょう。これをきっかけにして、第 15 番の残りの４つの楽章を聴き、さらに他の弦楽四重奏曲やピアノ・ソナタへと鑑賞の範囲を広げていってください。

一般に、長調や短調の音楽に慣れていると、旋法の音楽は理解するのが難しいかもしれません。しかし長調や短調は本来教会旋法から誕生したものであり、日本のわらべ歌なども、旋法による音楽なのです。さらに、近・現代の音楽、特にフランスやロシアの音楽にも、旋法がよく使用されます。ＴＡとして活動して、幼児を対象にする場合など、わらべ歌や幼児のための歌を導入に使用することも多いわけですから、旋法や旋法性による音楽に関する学習が、今後はもっと広く行われていいと思います。

第5節 ドヴォルジャーク『弦楽四重奏曲第12番』「アメリカ」より 第1楽章

[概説]

チェコ出身の作曲家ドヴォルジャークは、1892年から95年まで、アメリカで過ごしました。この期間に彼は、有名な交響曲「新世界」をニューヨークで、さらにアイオワ州の小さな町で弦楽四重奏曲「アメリカ」を完成させています。ふたつの作品に付けられたニックネームからも、アメリカ時代の作品であるのがよくわかりますが、音楽を聴いてみても、まだまだ開拓時代の風土が残るアメリカを感じさせます。

ドヴォルジャークの最後の交響曲となった「新世界」は、1893年の暮れにニューヨークのカーネギーホールで初演されました。この時期の彼はナショナル音楽院の院長を務めていたのですが、友人に宛てた手紙で、次のように語っています。「私は新しい交響曲を完成させました。その出来栄えに満足していますが、これまでの私の作品とは実質的にかなり異なった作品です。鼻が利く方ならだれでも、アメリカの影響をこの曲から嗅ぎ取ることができるはずです」。

日本では「家路」あるいは「遠き山に日は落ちて」の題名で知られる楽曲の旋律は、この交響曲の第2楽章の主題旋律です。ドヴォルジャークがアメリカの匂いがするといったひとつが、この旋律であったことは間違いありません。

鑑賞教材としては、同じく国民楽派の作曲家スメタナの交響詩『ブルダバ(モルダウ)』がよく使用されます。この曲では、ブルダバ川の流れや流域の風物を連想させる音楽が展開されます。鑑賞に際しても、ついついこうした情景の説明や民族音楽の響きを指摘するだけに、終わってしまいがちです。しかし交響詩は決して情景を描写した音楽ではなく、序曲であり交響作品であることを忘れてはいけません。音楽作品としての完成度の高さに、目を向けていただきたいと思います。「アメリカ的」な音楽を表現するのにも、そこには音楽素材とそれらの結合という音楽的な基礎が必要とされるのです。

[エントリーポイント]

この楽章の主題旋律のアメリカ的要素を知って、弦楽四重奏曲「アメリカ」のアメリカ的なものを体験してみます。

[アクティビティ]

Step 1「家路(＝遠き山に日は落ちて)」の旋律を歌ってみましょう(譜例 8-9)。

譜例 8-9

Step 2 最初と最後の４小節で使われている音を調べてください。図表 8-5 の譜表に低い順に並べて、音階にしてみましょう。

図表 8-5

質問：音階にはいくつの音がありますか？　ドレミファソラシドの音階とは、どこかが違いますか？

質問：ファとシがありませんね。このふたつの音がないと、どんな感じになりますか？

Step 3 この音階を使って、旋律を作ってみましょう。まずは、「家路（＝遠き山に日は落ちて）」の旋律と同じリズムで、旋律を工夫してみましょう。

図表 8-6

Step 4 同じリズムでも速いテンポにして、旋律を工夫してください。

図表 8-7

Step 5 速いテンポにして、さらにリズムを工夫してみましょう。

図表 8-8

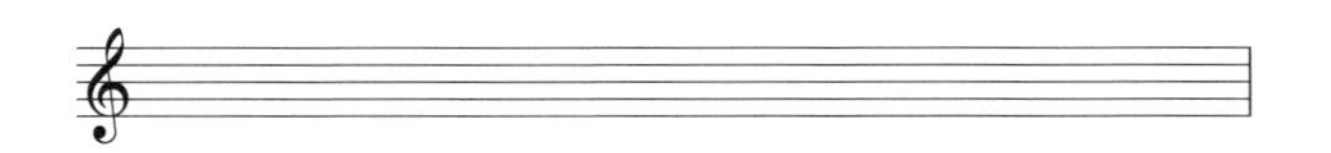

Step 6 ドヴォルジャークの弦楽四重奏曲「アメリカ」の第1楽章を聴きましょう。譜例 8-10 は第1楽章の主要主題の旋律（ハ長調に移調）です。

譜例 8-10

質問：自分たちが工夫した旋律とよく似た旋律が聴こえてきましたか？

質問：どのようなところが似ていましたか？

[補足説明]

ドヴォルジャークは1841年、現在のチェコの小村で生まれました。幼いころから音楽を学び、オルガン学校に通います。卒業後はオーケストラでヴィオラを演奏することで、生活の糧を得ました。またこのころから作曲を始め、20歳代にはヴァーグナーやスメタナから、30歳代にはブラームスから強く影響を受けました。

彼の名前を一躍有名にしたのは、1878年、37歳のときに発表した『スラブ舞曲集』です。しかし今日では交響曲の作曲家として広く知られています。事実彼は9曲の交響曲を残し、それらはチェコの民族的な伝統を伝えるという点もさることながら、純粋な器楽曲としての完成度の高さを示したことで、評価を得ているのです。ハイドン、ベートーヴェン、そしてブラームスの交響曲の伝統を継承していると言えるでしょう。

ここでは五音音階（ペンタトニック音階）によって醸し出される響きや情緒をアメリカ的なものと捉えましたが、黒人霊歌やアメリカ先住民（インディアン）の音楽にも、類似した特徴を見出すことができます。またチェコの民族音楽にも、同様な音階を見つけ出すことができますので、ドヴォルジャークにとって、アメリカ色の強い音楽を生み出すことは、それほど難しいことではなかったと言えるでしょう。

第9章

管弦楽

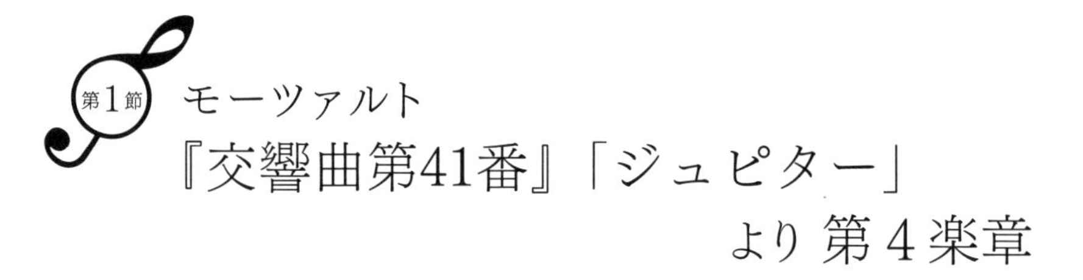

第1節 モーツァルト 『交響曲第41番』「ジュピター」より 第4楽章

[概説]

モーツァルトは鑑賞授業でもぜひ取り上げたい作曲家の１人です。交響曲もいずれも名曲ばかりですが、ここでは交響曲第 41 番、つまり彼の最後の交響曲を取り上げてみたいと思います。「ジュピター」というローマ神話の最高神の名前で呼ばれることが多いように、モーツァルトの管弦楽分野での創作の総決算とも言える作品です。

モーツァルトは天才的な作曲家であることは確かです。彼は自分の作品全体を記憶していたでしょうが、だからといって、作品が一瞬のうちに頭の中に浮かんだというわけではないでしょう。そこにはきわめて「論理的な思考」が働いていたと思われます。彼のこうした思考を体験するのに、この交響曲の終楽章はとてもいい実例になるのではないでしょうか。

古典派の音楽は、バッハに代表されるバロック音楽との対比から、古典派はホモフォニー、バロックはポリフォニーという図式で語られることがあります。この図式はむしろ、前古典派とバロックの関係に当てはまるかもしれません。古典派の音楽はむしろホモフォニーとポリフォニーの融合と考えた方がいいでしょう。実際に、1780年代のモーツァルトやハイドンは、ホモフォニーの様式あるいはギャラントな様式のなかに、いかにしてポリフォニー様式を組み込んでいくのかに努力していたのです。こうすることで、音楽が「娯楽音楽」の域から脱して「芸術音楽」として、すなわち「古典」として長く後世においても聴き継がれることができたわけです。

この楽章では、４つの旋律が順次提示されていきますが、その後は相互に組み合わされて、最終的には４つの旋律が同時に鳴り響きます。同じことは、本書でも紹介するモーツァルトのオペラ『フィガロの結婚』の六重唱曲についても言えるかもしれません。オペラの場合ですと、歌唱旋律を歌うのは容易ではありませんが、この楽章で提示される４つの旋律は短くて、歌ったり演奏したりするのも、それほど難しくはありません。

[エントリーポイント]

楽章で提示される４つの旋律の性質を調べ、どのように組み合わせると、音楽的に響きになるのかを探索します。これによって、モーツァルトの「論理的な思考」を体験的に学びます。

[アクティビティ]

Step 1 ４つの旋律Ａ～Ｄを歌ったり、演奏したりして、覚えてください（譜例 9-1）。

譜例 9-1

質問：旋律A～Dの動きやリズムは、それぞれどのような性格をもっていますか？　図表9-1に整理してください。

図表9-1　旋律の動きとリズム

旋律の種類	旋律の動きの特徴	リズムの特徴
A		
B		
C		
D		

Step 2 4つの旋律を組み合わせる可能性を考えてみましょう。まず、旋律Aと旋律Bを組み合わせて、どのような位置で組み合わせるとよいのかを、調べてみてください。実際に歌ったり、演奏したりしてみましょう。

さらに旋律Cを組み合わせる方法を調べてみてください。実際に歌ったり、演奏したりしてみましょう。そして最後に旋律Dを組み合わせる方法を調べてみてください。実際に歌ったり、演奏したりしてみましょう。

Step 3 4つのグループに分かれて、それぞれの旋律A～Dの担当を決めてください。そしてさまざまな演奏のパターンを試みてみましょう。

たとえば、図表9-2のような順番で歌ったり、演奏したりしてみてください。

図表9-2　さまざまな演奏パターン

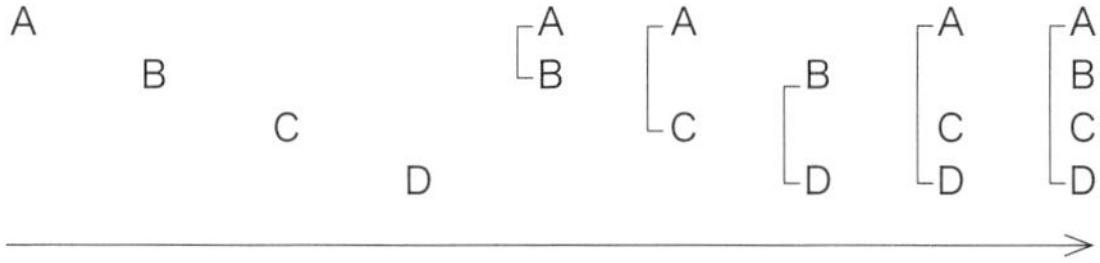

A → B → C → D → A・B → A・C → B・D → A・C・D → A・B・C・D

Step 4 これから演奏を聴きます。それぞれの担当の旋律が聴こえたならば、手をあげてみてください。

譜例 9-2 は、モーツァルトが楽曲の中で実際に行った組み合わせです。

譜例 9-2

[補足説明]

モーツァルトの交響曲と呼べる作品は全部で 47 曲あります。しかしこの他にも、オペラ序曲に由来する交響曲、断章、セレナードからの抜粋などが加わり、その数も全部で 63 曲もあります。

私たちが今日交響曲と呼んでいる作品は、モーツァルトの時代には、序曲だったり、セレナードだったりしたわけです。「シンフォニア」として一括して称するのが、無難であるように思います。

またモーツァルトの交響曲第○番と言われていましたが、その後、彼の作品ではないことが判明した曲があります。たとえば、第 2 番は父レオポルト、第 3 番は K.Fr. アーベル、第 37 番はハイドンの弟のミヒャエルが作者だったりしたのです。

モーツァルトの交響曲の最終楽章は舞曲的な軽い性格のものがほとんどすべてです。「ジュピター」は例外的に大規模で、交響曲全体を締めくくる役割をしっかりと担っています。序曲やセレナードを離れて、すでにベートーヴェンの交響曲の形に近づいていると言えるでしょう。

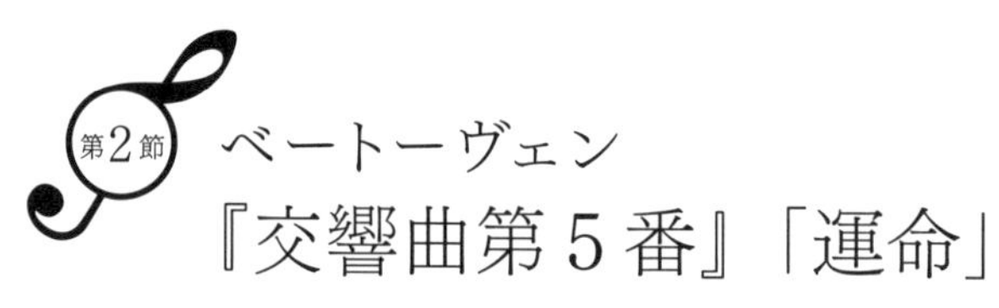

ベートーヴェン『交響曲第５番』「運命」より 第１楽章

[概説]

学校の鑑賞授業でよく取り上げられるのがこの曲です。よく知られている曲——と言っても、冒頭の主題動機だけかもしれませんが——ですので、鑑賞教材に適しているのですが、中学校の音楽科授業では「ソナタ形式」とセットにされて聴かれています。ここでは少し視点を変えて、ＴＡならこの曲をどのように紹介するのかを、考えてみたいと思います。そうすることで、学校の授業からも解放されますし、「ソナタ形式」という呪縛からかも解き放たれるでしょう。

ここでの注目点は、２〜３小節の長さをもつ主題動機の展開方法です。たとえば、有名な冒頭部分（５小節）について主題動機と言う場合、音楽理論的に正しくは、２回反復される「８分休符＋♪♪♪」＋♩(♩) が主題動機です(譜例 9-3)。しかしここでは、リズム動機として扱いますので、最初の３つの８分音符のみに注目したいと思います。

譜例 9-3

本書ではこの旋律のリズム動機を、■□■□□のように図示します。□は

休みです。楽節の構造を調べるときには、休みの小節もカウントします。そして音楽理論的には、4小節が基本となります。冒頭部分をより正確に図示しますと、■□■□（+□）となり、基本的な構造に1小節分が追加されたというように表されます。

[エントリーポイント]

「8分休符+♪♪♪」のリズム動機を展開させて、リズムだけの楽節つくりを楽しみます。そしてこの楽節を連ねることで、音楽の流れやクライマックスの存在を確認します。このような体験を通して、なぜ「運命」というニックネームがつけられたのかを想像してみます。

[アクティビティ]

Step 1 リズム動機を配置して、4小節の楽節のパターンを考えてみましょう。

質問：リズムパターンは、何種類できるでしょうか？

① ■■■■

② □■■■　■□■■　■■□■　■■■□

③ □□■■　□■□■　□■■□　■□■□　■□□■　■■□□

④ ■□□□　□■□□　□□■□　□□□■

Step 2 これらの基本パターンを組み合わせて、16小節のリズム楽節を作って、手拍子で表現してみましょう。16小節の長さになると、組み合わせの数は膨大になりますので、リズムで表現するテーマを決めるといいでしょう。たとえば、「夏の夕立」というのはどうでしょうか？　ポツリ、ポツリと雨粒が落ちてきて、やがてザーザーの雨となります。しばらくして、雨も止んで、太陽の光が射してきます。こんな情景をリズム楽節で表現してみてはどうでしょうか。

（例1）■□□□+□□■□+□□■□+□□■□　…（「ポツリ、ポツリ」）

（例2）■■■■+■■■■+■■■■+■■■■　…（「ザーザー」）

お互いにリズム楽節を表現して、何を表現したのかを、あてでみましょう。

Step 3 グループの1人が、指揮をしましょう。1小節を1拍として、4分の4拍子のつもりで、指揮をしてください（図表9-3）。指揮でリズム楽節の流れを表現してください。

また、指揮の手の振りを大きくしたり、小さくしたりして、フォルテやピアノ、クレッシェンドやデクレッシェンドをつけて表現してみましょう。

図表9-3　4拍子の指揮

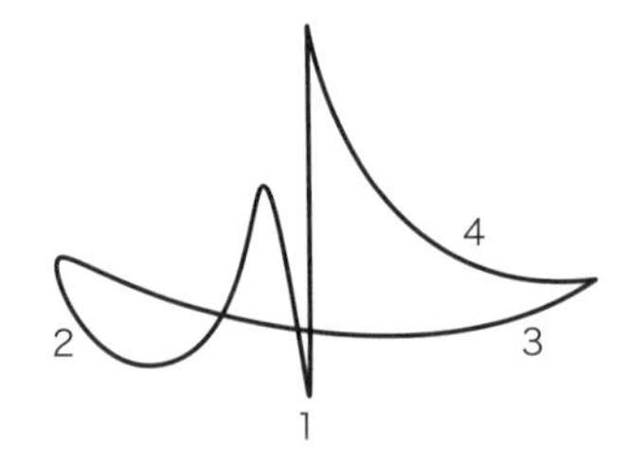

Step 4 ここでベートーヴェンの『交響曲第5番』の第1楽章を聴きましょう。

質問：ベートーヴェンはリズム動機をどのように使用していましたか？楽譜を見て調べてください。本書では、楽譜を掲載していませんが、インターネットからパブリックドメイン（著作権フリー）の楽譜を入手できますのでご活用ください。その場合、ピアノ用に編曲された楽譜を利用すると便利です。

4小節のパターンを基本として、1小節が追加されて5小節になったパターン＝■□■□（＋□）、1小節が削除されて3小節になったパターン＝■□■（□）のように、追加と削除を考慮して、ベートーヴェンのパターンを調べてみてください。

Step 5 この楽章でのパターンを調べたら、演奏を聴きながら指揮をしてみましょう。5拍子や3拍子の場合は、少し工夫をして、パターンの最初の小節が、4拍子の最初の拍になるようにしてください。

Step 6 第1楽章の前半の中ごろに、美しい旋律が聴こえてきます。次ページに楽譜を掲載しておきましたので、参考にしてください（譜例9-4）。この部分は一般的には「第2主題」と呼ばれています。旋律の輪郭やリズムが、第1主題とよく似ています。

この部分をリズムパターンで示してください。答えは■□□□｜□□■□となります。つまり、この部分はここに至るまでの部分の連続としてとらえることができるわけです。さまざまなリズムパターンの配列の中の1例だということにもなるわけです。

譜例 9-4

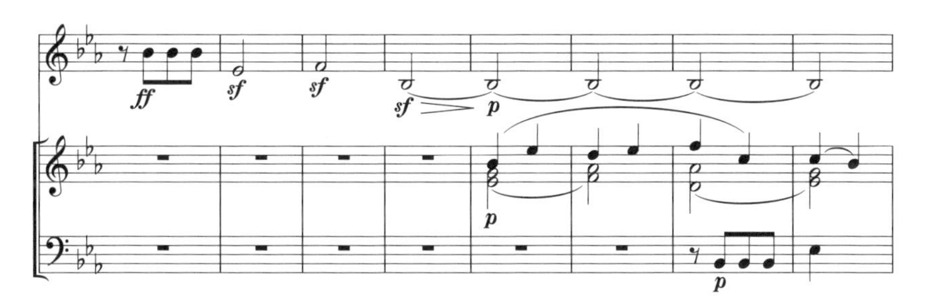

確かにこの部分は、ハ短調から変ホ長調に転調し、美しい旋律が導入されていますが、第２主題として、これまでの部分と「対比的」に聴く必要はないようです。

[補足説明]

さて「交響曲『運命』は何歳の子どもに聴かせるべきでしょうか？」という質問には、どのように答えるのがいいでしょうか。ここで紹介したアクティビティで考えると、Step 1～2なら小学生高学年、Step 3～5なら中学生、Step 6なら高校生という感じでしょうか。

大学生以上なら、こんな質問をしてはどうでしょうか。「自分の意思ではどうすることもできない事件や出来事に遭遇したとき、どのように感じますか」。この質問に対する答えがこうだとします。「運命に押し流される人間の力のなさを感じます」。そうなれば、ベートーヴェンは交響曲「運命」では、どのような方法で「人間を翻弄する運命の力」を表現したのかを、考えてみるのです。多くの人が、リズムパターンの畳みかけるような反復が作り出す音楽の流れに、この運命の力を連想するのではないでしょうか。

さらに、ベートーヴェンの「エグモント序曲」やピアノ協奏曲「皇帝」などにも、同じようなリズムのパターンの反復を聴けば、ベートーヴェンの音楽の本質に迫ることができると思われます。

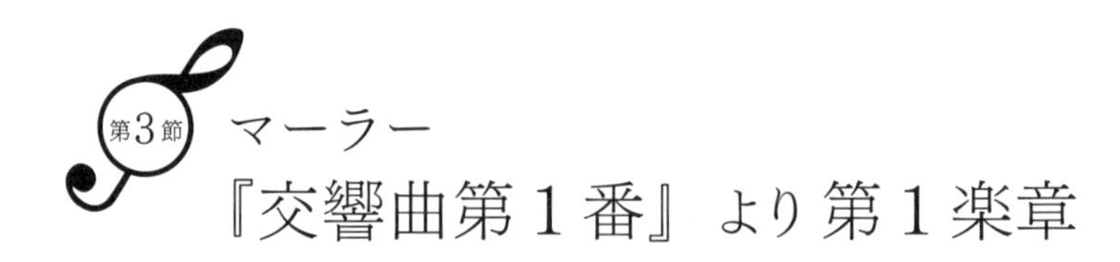

第3節 マーラー『交響曲第1番』より第1楽章

[概説]

19世紀から20世紀初頭に作曲された交響曲を、中学生や高校生の鑑賞授業で教材にするのは難しいかもしれません。交響詩であるならば、標題を素材にしてエントリーポイントを設定することもさほど難しくありませんが、純粋器楽曲を1時間近く聴き続けるには、かなりの訓練を要するでしょう。

マーラーの交響曲も長大であることはよく知られていますが、マーラーの交響曲のうち、第1番から第4番までの4曲は、ドイツ民謡詩集『不思議な角笛』を題材とするマーラー自身の歌曲との何らかの関連をもつことから、「角笛交響曲」と呼ばれ、このつながりをエントリーポイントにすることができます。

第1番は元々は第2部構成（全5楽章）の交響詩「巨人」でしたが、その後標題のない交響曲として完成されました。とりわけこの第1番ではマーラーの交響曲の基本的な作曲法がすべて展開されている点で、マーラーの交響曲（全10曲）を鑑賞するうえでも、大切な作品となっています。

元の標題の「巨人」はロマン派の小説家ジャン・パウルの長編小説に由来しますが、作品そのものはブラームスやブルックナーの交響曲の作曲法を継承した「正統的な」交響曲です。ただマーラーの場合は、先人たちの交響曲が大きなブロックを組み立てて大きなモニュメントを形成したのとは対照的に、ブロックではなく小さなレンガの形を自由に変えて、さらに意味や視覚的なイメージを想起させるように配列していくという、きわめて独自な展開を特徴としています。

ここでは第1楽章を聴きます。序奏の後でさっそうと登場する旋律（第1主題）は、マーラーが『不思議な角笛』より歌詞を選んで作曲した歌曲「朝の野辺を歩けば」に由来します。序奏はまさに朝を迎える直前の草原の様子が描写されていると言えます（譜例 9-5）。

[エントリーポイント]

夜が明ける直前の草原には、どんな空気が流れ、そこからはどんな音が聴こえてくるのかを想像してみます。ここからマーラーがどんな音風景を描き出したのかを探ります。

[アクティビティ]

Step 1 夜が明ける前の草原を想像してみます。

質問：どんな空気が流れていますか？

質問：どんな音が聴こえてくると思いますか？

Step 2 次の６つがこの楽章の最初で表現される自然の様子です。

① 澄んだはりつめた空気
② 広がる静寂
③ 遠くから聞こえてくる軍隊の起床ラッパ
④ カッコウの鳴き声
⑤ 夜が明ける予兆や期待
⑥ 朝のすがすがしい目覚めの歌

このような自然の様子を、音楽で表現するのには、どんな楽器やどんな旋律が適切なのか、話し合ってみてください。

Step 3 次の詩はマーラーが作曲した歌曲「朝の野辺を歩けば」の歌詞の第１節です。この詩のＢＧＭとして、前記の①～⑤を音で表現してください。⑥は歌曲「朝の野辺を歩けば」の歌となります（譜例 9-5）。

朝の野辺を歩くと
草の上に露が残っていた陽気な花鶏が僕に話しかける。
「やあ君か！　そうだろう？

おはよう、いい朝だね！
ほら、そうだろ？
なあ君！
なんて美しい世界じゃないか？
ツィンク！　ツィンク！
美しく活気にあふれてる！
なんて、この世は楽しいんだ！」

（久保田慶一・訳）

質問：ＢＧＭとしてどのような工夫をしたのかを、発表してみましょう。

Step 4 ①〜⑤に続けて、⑥の演奏を聴いてみてください。

Step 5 マーラーの『交響曲第１番』の第１楽章を聴いてみましょう。次ページの譜例 9-6 には、マーラーが使用した「音のレンガ」①〜⑤が整理されています。意味や視覚的イメージがどのように表現されていたのかを、話し合ってください。

[補足説明]

第１楽章の冒頭に置かれた序奏では、人間の生命が暁光のもとに誕生する様子が描かれ、いくつかの「自然の音」が表現されています。たとえば、夜明け前の空気の透明さは弦楽器のフラジオレットで、そして静寂の広がりはフラジオレットの高音と弦楽器の低音の響きで表現されています。やがて聞こえてくる４度音程の動機は遠くの教会の鐘の音を、ファンファーレは軍隊の起床ラッパを連想させます。オーボエによる６度の上行は、夜明けを感じさせ、カッコウがそれに応えます。そしてホルンが楽しそうに、朝のあいさつを告げます。いよいよ太陽が昇りはじめます。ティンパニーのトレモロと低声部での半音階の上行進行が、今か今かと夜明けを待ちます。

このようにマーラーは夜明け前の情景を音楽的に表現するために、何らかの意味や視覚的なイメージを伝えるレンガを並列させていきます。アレグロ部分からようやく歌曲の旋律が登場します。こうして夜明けの描写と歩き進む若者というイメージは、交響曲の第１楽章全体において表現されるわけです。

意味やイメージを想起させる、レンガのような素材を配列させて作曲する手法を、マーラーは第２番以降の交響曲でも活用していきます。第１番の第１楽章には、マーラーの交響曲全体を貫く作曲原理がすでに示されているという点で、この曲はマーラーの交響曲の世界の導入として最適の楽曲であると言えるでしょう。

譜例 9-5

譜例 9-6

9

第4節 レスピーギ 交響詩『ローマの松』より「アッピア街道の松」

[概説]

ブースは著書『ティーチング・アーティスト』の中で、自分たちが積極的に取り組んでいる課題として、「教科統合」を挙げています。学校教育において、音楽科の授業と他教科の授業との統合をめざすものです。こうすることで、音楽を演奏したり、聴いたりするという活動そのものが、学校教育に存続していけるという、切実な問題の解決の提案でもあるのです。ここでは、世界史と地理という社会科の授業の中に、音楽鑑賞を導入する方法を紹介したいと思います。

世界史に関しては、ローマ帝国の成立や発展に関する単元、あるいは地理ではヨーロッパの地中海地方の交通や植生の単元で、レスピーギの交響詩『ローマの松』を鑑賞します。音楽の理解だけでなく、他教科の学びにも貢献することでしょう。

[エントリーポイント]

ローマ帝国の軍隊は地方に遠征をして、帝国の版図の拡大に貢献しました。そして今、遠征を終えた軍隊が、松が両側につらなるアッピア街道をローマまで凱旋しようと進んでいます。こうした状況に相応しい音楽とは、どのような音楽なのかを考えてみます。またレスピーギがどのような手法を使って、このような状況に相応しい音楽を創作したのかを話し合ってみます。

[アクティビティ]

Step 1 ローマ帝国の成立や版図の拡大について学びます。

もともとはローマの近郊にしか領土をもたなかったローマ人ですが、その後版図を拡大して、ローマ帝国を築きます（図表 9-4）。彼らは土木建築の技術にすぐれていましたので、ローマを中心として帝国全土に道路網を完備しました。

ローマからイタリア半島のかかとの部分に位置するブリンディシへ至る街道が「アッピア街道」です（図表 9-5）。

図表 9-4　117 年のローマ帝国の版図

質問：アッピア街道はいつごろ完成しましたか？

質問：この街道はどのような軍事的・経済的な役割を担っていましたか？

Step 2 イタリア半島は地中海に突き出した半島です。そしてアッピア街道には松が植えられていました。今でも美しい松並木を残していますが、日本で見られる松とは、少し形状などが異なります。インターネットなどで調べてみましょう。

Step 3 交響詩『ローマの松』では、アッピア街道の松だけでなく、「ボルケーゼ荘の松」(第1曲)、「カタコンバ付近の松」(第2曲)、「ジャニコロの松」(第3曲)を標題にしています。松が植えられたそれぞれの場所やその特徴を調べてみましょう。

図表 9-5　アッピア街道

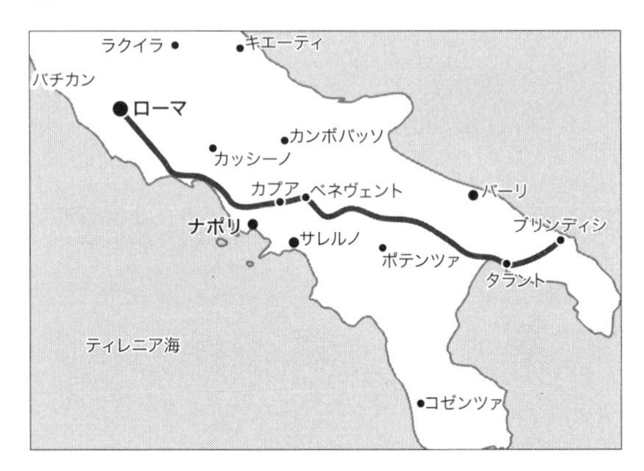

Step 4 レスピーギは「アッピア街道の松」の楽譜に、次のような文章を寄せています。どのような状況を表現しているのかを想像してみてください。また、皆で話し合ってください。

霧にかすむ夜明け前のアッピア街道。その昔、悲劇の舞台となった野原は、点々と続く松に見守られている。……進軍ラッパは高らかに響き、新しい太陽に輝きに照らされ、神聖なる道に向かう……軍隊は、とどまることを知らない。

(久保田慶一・訳)

質問：以下の情景に、どのような音楽が相応しいでしょうか。
「その昔の悲劇」を、どのように表現しますか？
「進軍する軍隊」を、どのように表現しますか？
「凱旋の様子」を、どのように表現しますか？

[補足説明]

イタリアの作曲家レスピーギは、この『ローマの松』(1924年) の他にも、『ローマの噴水』(1916年)、『ローマの祭り』(1928年) を作曲しており、これら3曲は「ローマ三部作」と呼ばれています。これら3曲には、イタリア・ローマの歴史や場所に関係する標題が添えられています。イタリア人あるいはローマ人にとって、「心のふるさと」なのかもしれません。

イタリアは19世紀の中ごろまで国土は小国に分割されていて (図表9-6)、今日の国家としてのイタリアが誕生したのは、1871年のことです。統一に至るまでには、オーストリア帝国との戦いなど、イタリア統一戦争を経なければなりませんでした。イタリア統一戦争もこれを機会に調べておけば、この時期に活躍したヴェルディやその後のイタリア人音楽家の作品の理解の助けにもなるでしょう。

図表9-6　19世紀中ごろのイタリア

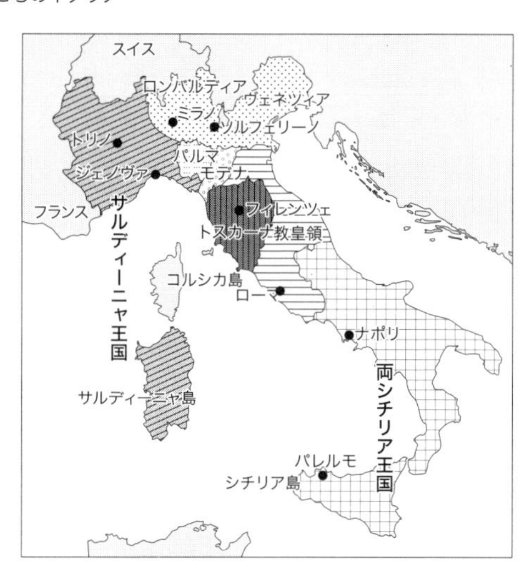

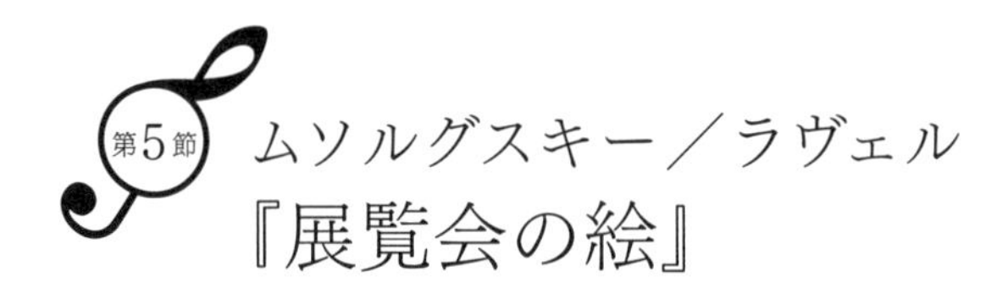

第5節 ムソルグスキー／ラヴェル『展覧会の絵』

[概説]

ブースは著書の中で、アリエル木管五重奏団の活動にたびたび言及しています。そのなかのひとつに、ＴＡの質問の仕方についての説明のところで、ムソルグスキーの『展覧会の絵』を題材にしたアクティビティを紹介しています。まず、ブースの紹介文を引用しておきましょう。

『展覧会の絵』のプログラムでは、アリエルはまず絵を描いたことがある人に手を挙げてもらい、どんな道具を使って絵を描いたのか尋ねました。どんどん答えが出て、子どもたちは作曲することとのつながりもすぐに見つけ出しました。「画家が絵を描く際に道具を使うように、作曲家も曲を書くときに道具を使います。」と言って、アリエルの演奏者たちは、ムソルグスキーが「絵」に使った道具を見つけるための、真面目な遊びをはじめるのです。

この曲を鑑賞する場合には、ムソルグスキーが作曲のきっかけとした、画家ハルトマンの展覧会やそこで展示された絵画を見せたり、あるいは、原曲であるピアノ版と後年にラヴェルが編曲したオーケストラ版を比較したりして、ラヴェルの編曲方法に注目したりします。しかしこのやり方だけだと、ＴＡが本来の目的とするのとは少し違う方向に行ってしまうことが多いようです。

ブースはアリエルの実際に行った方法として、「忙しい感じの音楽にするには、どういうふうに作曲するんだろう？」という質問からはじめる、第７曲「リモージュの市場」のアクティビティを紹介しています。しかしこの『展覧会の絵』には「忙しい感じ」のする情景が描かれている曲がありますので、これらをいっしょに鑑賞するアクティビティをここでは考えてみたいと思います。

対象とする楽章は、第1曲「小人の妖精ノーム」、第3曲「遊びの後の子どもたちの喧嘩」、第5曲「卵の殻をつけた雛の踊り」、第7曲「リモージュの市場」、第9曲「鶏の足の上に立つ小屋：バーバ・ヤガー」の5曲です。「ノーム」は大地を守る小人の妖精です。またバーバ・ヤガーはロシア民話に登場する老婆の妖怪で、細長い臼に乗って移動すると言われています。

[エントリーポイント]

「忙しい感じ」のする音楽を作るには、どのような道具があるのかを、最初に考えてみます。そしてこれらの道具のうち、ムソルグスキーが実際にどれを使用したのかを、見つけ出します。またその他に使用した道具があれば、それを見つけ出しましょう。

[アクティビティ]

Step 1 絵を描くときの道具とその使い方について、質問してみましょう。

質問：絵を描くときにどんな道具を使いますか？

質問：道具をどのように使いますか？

Step 2 忙しい情景を描くことを考えてください。

質問：忙しく動いている、チョコチョコ、ザワザワ動いているという状況を描くには、どのようにすればいいですか？

Step 3 ムソルグスキーの曲の標題を紹介して、グループごとに、情景を描くための方法を考えましょう。

質問：これから紹介する5つの情景（図表9-7）について、どのような音楽にすれば、忙しい情景を描くことができますか？

Step 4 これら5曲を順番に聴いて、ムソルグスキーが使った道具を発表してみます。最初に聴くときは、ピアノ版を聴くのがよいでしょう。

Step 5 次に、ラヴェルの編曲版を聴いてみます。

質問：ラヴェルは、ムソルグスキーが使った道具を、さらにどのように使っていますか？　新たに使った道具はあるでしょうか？

図表 9-7　5つの情景

小人の妖精ノーム
（第１曲）

遊びの後の子どもたちの喧嘩
（第３曲）

卵の殻をつけた雛の踊り
（第５曲）

リモージュの市場
（第７曲）

鶏の足の上に立つ小屋：
バーバ・ヤガー
（第９曲）

[補足説明]

ロシアは1721年ピョートル大帝の即位によって帝政ロシアとなり、その後は領土の拡大に邁進します。他方で18世紀中ごろのエカチェリーナ２世の時代には、西欧の文化を積極的に吸収し、首都サンクトペテルブルクでは、イタリア・オペラの歌声が響きました。この時代のロシアは文化的な後進国で、常にドイツやフランスの文化を模範として、憧れをもって迎え入れていました。

ロシアにおいて真の国民主義の音楽が開花するのは、19世紀になってからです。グリンカはまだドイツのロマン主義の香りを漂わせながらも、ロシア国民のオペラの創始に努力しました。また今日「ロシア５人組」と呼ばれるグループは、多くが貴族出身の職業軍人であり、本職は音楽家ではありませんでした。しかし彼らは互いに影響し合い、また理論的な考察を積み、この時期のロシア音楽をきわめて進歩的なものにします。

「５人組」とは、バラキレフ、キュイ、リムスキー・コルサコフ、ボロディン、ムソルグスキーの５人です。彼らのなかでもっともよく知られているのが、ムソルグスキーでしょう。彼のピアノ組曲『展覧会の絵』は夭逝した友人の画家ハルトマンの遺作展覧会の印象を綴ったもので、ラヴェルのオーケストラ編曲の方でよく知られています。

この組曲は全部で 10 の楽曲から構成されていますが、その間に「プロムナード（P）」と題されたファンファーレが５回、変奏されたり短縮されたりして登場します。P_1―第 1 曲―P_2―第 2 曲―P_3―第 3-4 曲―P_4―第 5-6 曲―P_5―第 7-10 曲という構成になっています。プロムナードの再現をエントリーポイントとして聴くこともできますし、「プロムナード」の変奏では、５拍子と６拍子にさらに７拍子が加わりますので、「変拍子」をエントリーポイントにしてもいいかもしれません（譜例 9-7）。

ここでは「忙しい感じ」の曲をエントリーポイントにしてみましたが、いずれも奇数番号の楽曲であることからもわかるように、ムソルグスキーはテンポと拍子の交替を曲の構成としていたことにも注意を向けて、聴いてみてもいいでしょう。

譜例 9-7　プロムナードの主題（P_1,P_4）

第10章

歌曲

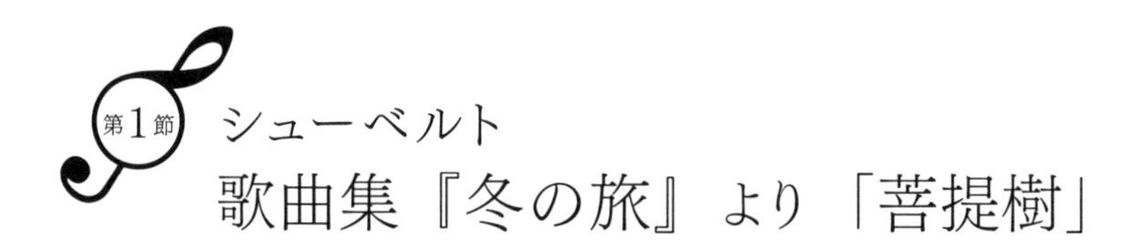

第1節 シューベルト 歌曲集『冬の旅』より「菩提樹」

[解説]

シューベルトの『冬の旅』は連作歌曲ですので、歌詞をしっかりと読んでおけば、第１曲から順番に聴くことで、私たちはシューベルトの『冬の旅』の世界を体験することができます。しかし授業で「菩提樹」（第１部第５曲）だけを鑑賞するとなると、エントリーポイントを設定して、アクティビティが必要となるでしょう。この第５曲は、失恋した青年が恋愛の思い出が刻まれた菩提樹の前を通って、冬の寒い夜に町を去っていく場面です。この詩の意味を理解するには、やはり高校生以上でないと難しいかもしれません。高校の音楽科教科書の鑑賞教材として掲載されているのも、そのためでしょう。

シューベルトの歌曲では、詩の内容とピアノ伴奏が密接に関連していることが指摘されますので、ピアノの伴奏音型が「風にざわめく菩提樹の落葉まぢかの葉」や「青年の心の動き」を表現していると、解説されたりもします。冬の菩提樹を想像しながら、ピアノで冬の風に吹かれたときの枯れた葉の擦れる音を、シューベルトがどのように表現しているのかを、話し合ってみるのもいいかもしれません。

[エントリーポイント]

ここでは、詩に表現された主人公の青年の気持ちを、エントリーポイントにしたいと思います。聴衆の１人ひとりに主人公の青年になってもらうのです。冬の夜に１人で町を去る情景から、青年の気持ちを想像し、シューベルトがその心情を表現するために、どのような音楽を付したのかにまで、想像を働かせてみたいと思います。

[アクティビティ]

Step 1 「菩提樹」の歌詞を朗読します（朗読の前に、演奏を聴いてかまいません）。

町に入る門の手前の水飲み場に
１本の菩提樹が立っています
僕はその木の下で何度も
甘い夢をたくさん見ました

僕はその木の肌に
好きな言葉をたくさん刻みました
うれしいときも悲しいときも
[僕はその言葉が見たくて]
この木のところにやって来ました

僕は夜がふけると
今日もまたこの木のそばを通って
さすらいの旅に出なくてはなりません
まだ真っ暗だというのに
[僕はあの言葉を見るのがいやで]
目をつむって通りすぎました

すると木の枝がざわめいて
僕にこう呼びかけるのです
「若者よ、戻っておいで
ここにしか君が安らげる場所はないよ」

冷たい風が吹いて
正面から顔にあたります
帽子も吹き飛ばされました
それでも僕は振り返りませんでした

僕はもう何時間も歩いて
菩提樹から遠く離れたところにいます
それなのにいつも枝のざわめきが聞こえるのです
「ここにしか君が安らげる場所はないよ」

（久保田慶一・訳）

Step 2 次のような問いかけをします。

質問：僕というのは、何歳くらいですか？

質問：どうしてさすらいの旅に出なくてはならないのでしょうか？

質問：どうして思い出の菩提樹の前を通ったのでしょうか？

質問：木の枝の言葉にどうして振り返らなかったのでしょうか？

質問：あなたなら、恋人と別れて町を去るとき、どうしますか？

Step 3 1人でもグループでもいいので、前記の質問について答えてもらい、意見交換などをします。

Step 4 ここで、演奏を聴きます。楽譜があれば、楽譜を見ながら聴いてもいいでしょう。

Step 5 シューベルトがどのような音楽をつけたのかについて、次のような問いかけをします。

質問：冬の冷たい風を音楽で表すために、シューベルトはどのような音楽を付けましたか？

質問：これから旅に出るときの暗い気持ちを表現するために、シューベルトはどのような音楽を付けましたか？

質問：「町を出ていこう」という決意をしたことを表現するために、シューベルトはどのような音楽を付けましたか？

質問：町を去ったときの望郷の気持ちを表現するために、シューベルトはどのような音楽を付けましたか？

Step 6 1人でもグループでもいいので、上の質問について答えてもらい、意見交換などをします。

Step 7 最後にもう1度、演奏を聴きます。楽譜を見ないで聴いたほうがいいでしょう。

[補足説明]

シューベルトは1797年に生まれ、1828年に他界しました。短い生涯でしたが、当時の男性の平均寿命よりは少し早い程度です。同時期のウィーンではベートーヴェンが華々しく活躍していましたが、2人が会ったという確実な記録は残されていません。シューベルトは短い生涯で600曲あまりの歌曲を作曲しましたが、ベートーヴェンが関心を示さなかった分野での創作を好んだようです。

連作歌曲集とは、テーマやストーリーをもった歌曲集です。『冬の旅』は、主人公の青年が恋に破れ、さすらう旅をテーマにしています。全部で24曲の歌曲から構成されていて、「菩提樹」は第5曲。作詞者のヴィルヘルム・ミュラーは同時代の詩人です。『美しき水車小屋の娘』の作詞者でもあり、彼はシューベルトが作曲したこれら2作品でもってのみ、後世に名前を残しています。

菩提樹はドイツ語で「リンデンバウム *Lindenbaum*」と言います。シナノキ属の木で、ヨーロッパでは街路樹としてよく植えられています。「菩提樹」と訳されたことから、釈迦が悟りを開いた木と思われますが、それとはまったく異なります。葉っぱがハート形をしているため、若い男女が恋の成就を願って、幹に名前や言葉を刻んだりすることで知られています。

鑑賞の最後には、ピアノの伴奏の16分音符による3連符の連続が、菩提樹の葉がざわめいている音を表しているだけでなく、それによって音楽的なまとまり感が歌曲に与えられているという点に触れておくのも、いいかもしれません。

第2節 シューベルト 歌曲「ます」と『ピアノ五重奏曲』「ます」より 第4楽章

[解説]

シューベルトの『ピアノ五重奏曲』「ます」は鑑賞教材として、シューベルトの器楽曲の中でもよく知られた曲です。「ます」という愛称で呼ばれるのは、この曲の第4楽章で展開される変奏の主題が、シューベルト自身が作曲した歌曲「ます」の主題に由来するからです。シューベルトは自身の歌曲で使用した旋律を、器楽曲で好んで再利用（リサイクル）しました。彼の器楽曲の旋律に、歌謡性（カンタービレな性格）が指摘される由縁でもあります。

このピアノ五重奏曲に愛称「ます」にちなむ特徴を聞き取ろうとするためには、1度歌曲にまで立ち戻ってみる必要があります。そうすることで、ピアノ五重奏曲にも、歌曲、あるいはその歌詞が描く情景や情緒を聞き取ることができるでしょう。

図式的に表現すれば、歌詞が表現する情景→歌曲が表現する情景→ピアノ五重奏曲が表現する情景となります。この順番で、シューベルトの歌曲と器楽曲における表現を考察してみましょう。

[エントリーポイント]

「ます」の詩を読んで、川の流れと飛び跳ねて泳ぐますの動きを想像して、オノマトペで表現します。オノマトペから旋律を考案して、シューベルトの旋律と比較してみます。同時に、シューベルトの音楽に描写的表現を発見してみましょう。オノマトペとは、自然の音や声、さらに物事の様子や動きを音で象徴した言葉です。擬声（音、態）語とも言います。たとえば、サラサラ、スイスイなどのような言葉です。

[アクティビティ]

Step 1 次のような問いかけをします。

質問：「ます」という魚を知っていますか？　どんな色をしていますか？

Step 2 さらに次のように問いかけます。

質問：ますはどのような場所に住んでいますか？

ますが泳いでいるところに釣竿をもった漁師が登場します。

次の詩をいっしょに読んでみましょう。

気まぐれなますが矢のように
ある澄んだ小川にすばやく現れる
澄んだ小川のなかの陽気な魚の泳ぎを
私はほとりに立ち、うっとりして見入っていた

竿を手にした漁師が岸辺にしっかりと立ち、
魚がくねるさまを冷ややかに見ている
水が透明であるかぎり、彼がますを
釣ることはないだろうと思った

しかし結局、盗人に時はあまりにも長すぎた
彼は水を濁し、私が釣り上げるまもなく
竿がさっと動き、魚はその先ではねている
そして私は騙された魚をはらはらしながら見ていた

（久保田慶一・訳：行の順番は日本語表記のために変更されています）

Step 3 詩を読んだ後に、次の質問をします。

質問：この詩にはどんな情景が描かれていますか？

質問：私と釣り人はじっとしていますが、動いているものは何ですか？

Step 4 さらに、次のように問いかけます。

質問：川の流れと泳いでいるますという動きを、言葉（オノマトペ）で表現すると、どうなるでしょうか？

グループで話し合うなどして、オノマトペを発表しましょう。以下に参考例を挙げておきます。

川の流れ：「サラ、サラ」、「ヨソ、ヨソ」etc.

ます：「ピン、ピン」、「ピチャ、ピチャ」etc.

Step 5 オノマトペの動きを旋律で表現してみてください。歌ってもいいですし、楽器で演奏してもいいです。

Step 6 前奏部分６小節を聴いてみましょう。

質問：シューベルトは川の流れと魚の動きをどのように表現したのでしょうか？

Step 7 詩の表現について、次のように問いかけます。

質問：詩が表現している情景で、明暗の違いがありますか？

明るい部分：澄んだ小川のなかの陽気な魚

暗い部分：濁った水と釣り人の心

Step 8 シューベルトはこの詩にどのような音楽を付けたのか、聴いてみましょう。

質問：川の流れや泳いでいる魚の姿がイメージできたでしょうか？　音楽のどのような要素によって、それらは表現されていましたか？

質問：暗い部分はどのような要素によって表現されていましたか？

Step 9 歌曲の歌唱旋律を歌って、覚えてから、『ピアノ五重奏曲』「ます」の第４楽章を鑑賞します。

歌曲の伴奏の音型がどのように活用されていたのか、歌曲の歌唱旋律がどのように変奏されていたのかを、グループで話し合います。ピアノと弦楽四部（通常の弦楽四重奏とは異なり、ヴァイオリン、ヴィオラ、チェロ、コントラバスという編成）の組み合わせやピアノの役割などについても、考えてみるといいでしょう。

[補足説明]

シューベルトは1817年に、歌曲「ます」を作曲しています。歌詞（全４節）は、詩人で音楽家でもあった、クリスティアン・フリードリヒ・ダニエル・シューバルト（1739-91）によります。シューベルトは原詩の最初の３節だけに作曲をしました。

歌曲は81小節で、歌詞の３節に従って、３つの部分に分かれ、ピアノ伴奏による前奏、２回の間奏、後奏が挿入されています。第１部分と第２部分では音楽が同一ですが、第３部分では終わり８小節のみが共通です。基本的には有節歌曲ですが、第３節の最初の３行に描かれた、ずる賢い漁師にますが捕らえられてしまう場面で、音楽は平行短調へと転調します。伴奏は跳躍音程を含む分散和音を16分音符の３連音符で反復し、川の流れとますが活発に泳ぐ様子を描写しています。

シューベルトはこの歌曲を作曲した２年後に、『ピアノ五重奏曲』を作曲するのですが、このときにこの歌曲の旋律を主題とする変奏曲を、楽章のひとつ（第４楽章）としました。今日ではこのピアノ五重奏曲が「ます」の愛称でよく知られるようになりました。

第3節 シューマン 連作歌曲集『詩人の恋』より「美しい5月に」

[解説]

歌曲を鑑賞するためには、歌詞の理解が必要であることは言うまでもありません。その場合、前述した「菩提樹」や「ます」のように、現代に生きる人間の感じ方や捉え方をエントリーポイントにして、詩や音楽が理解できる場合のほかに、作詞や作曲が行われた時代や創作の背景をエントリーポイントにして、作品の本質的な世界に聴衆を導くという場合があります。

ここではシューマン（1810-56）がハイネ（1797-1856）の詩集に収められた詩に曲を付け、連作歌曲集として編纂した『詩人の恋』から「美しい5月に」を鑑賞しようと思います。この曲集を作曲した年にシューマンはクララとの愛を成就させ、結婚することができました。シューマンが選んだハイネの詩（作曲したのは20篇ですが、曲集に収録されたのは16篇です）には、若い詩人の恋の喜びと失恋の悲しみや苦しみが、切々と綴られています。クララの父の反対でなかなか結婚できたなかったシューマンの精神的苦痛が、結婚によって「昇華」され、同時にそれが歌曲集の誕生へとつながったように思われます。

中学生や高校生には少し理解しづらい面もあるかもしれませんが、19世紀のドイツ・ロマン派の芸術を理解する一歩になることでしょう。

[エントリーポイント]

ここでは、第1曲「美しい5月に」の歌詞を、シューマンがどのように解釈して、音楽的に表現したのかを推測し、作曲者シューマンの心情を想像してみましょう。特に伴奏のピアノ音楽の表現力に注目してみたいと思います。

［アクティビティ］

Step 1「美しい５月に」と題された、短い詩を朗読します。

驚くほど美しい５月に
すべてのつぼみがいっせいに開きます
そして僕の心には
愛が芽生えました

驚くほど美しい５月に
すべての鳥が歌います
そして僕は彼女に打ち明けました
僕の切望し憧れる思いを

（久保田慶一・訳）

Step 2 次のように問いかけます。

質問：詩では５月という月がどのように描かれていましたか？
グループで話し合って発表し合いましょう。

Step 3 主人公の「僕」はある女性を好きになり、その思いを伝えました。「僕」は今どんな気持ちなのかを想像してください。

Step 4 これからこの詩にシューマンが付けた音楽を聴いてみたいと思います。

質問：シューマンはどのような音楽を付けましたか？　その音楽的特徴を説明してください。

質問：その音楽的特徴は、詩で描かれた情景や「僕」の気持ちとどのように対応していましたか？

質問：ピアノ伴奏の音楽はどのように流れていますか？

質問：和声や響きはどのように変化していますか？

質問：響きの中にときどき聴こえてくるメロディーはどのような効果を生んでいますか？

質問：詩の内容と歌唱旋律はどのように関係していますか？

質問：シューマンは詩と音楽をひとつにするために、どのような工夫をしていますか？

Step 5 歌詞をドイツ語で発音してみましょう。楽譜があれば、楽譜の記された音符の長さで、発音してみてください。英語訳を掲載しておきましたので、ドイツ語の意味を調べてみるのもいいでしょう。

（ドイツ語　原詩）

Im wunderschönen Monat Mai,
イム　ヴンダーシェーネン　モーナト　マイ

als alle Knospen sprangen,
アルス　アレ　クノスペン　シュプランゲン

da ist in meinem Herzen
ダー　イスト　イン　マイネム　ヘルツェン

die Liebe aufgegangen.
ディ　リーベ　アウフゲガンゲン

Im wunderschönen Monat Mai,
イム　ヴンダーシェーネン　モーナト　マイ

als alle Vögel sangen,
アルス　アレ　フェーゲル　ザンゲン

da hab´ ich ihr gestanden
ダー　ハプ　イヒ　イール　ゲシュタンデン

mein Sehnen und Verlangen.
マイン　ゼーネン　ウント　フェルランゲン

（英語訳）

In the wonderfully fair month of May,
as all the flower-buds burst,
then in my heart
love arose.

In the wonderfully fair month of May,
as all the birds were singing,
then I confessed to her
my yearning and longing.

［補足説明］

シューマンはライプツィヒ大学で法学を学びましたが、やがてピアニストのヴィークの下でピアノを学びます。しかし指を痛めたことからピアニストになることをあきらめて、作曲家を志します。一方でシューマンはヴィークの娘クララと恋仲になり、２人は結婚を誓いますが、クララの父親はそれを認めようとはしませんでした。そしてようやく1840年に２人は結婚することができました。この結婚はシューマンの創作意欲を刺激して、この年は「歌曲の年」と呼ばれるように、多数の歌曲が作曲されます。なかでも連作歌曲集『詩人の恋』は、恋の喜び、失恋の悲しみや苦悩を表現した、詩人ハイネの詩に作曲をしたものです。同時代の文学にも造詣が深かったシューマンは、ハイネが描いた青年の心情を巧みに音楽化することに成功しています。

ハイネはデュッセルドルフのユダヤ人家庭に生まれ、ゲッティンゲン大学で法学を学びました。卒業後は作家として活躍して、1827年に『歌の本』を出版しました。このころハイネはすでにパリで生活をしていて、社交界で多くの芸術家たちとの交流を深めていました。こうした背景から、ハイネとシューマンの共同作品は19世紀のドイツ・ロマン主義の世界を垣間見せる傑作のひとつであると言えるでしょう。

ロマン主義は日本人にとって理解するのが難しい言葉です。ここでは語源から本来の意味を探ってみたいと思います。ロマン主義 *romanticism* と関連のある言葉には、ローマ *Roma*、ロマネスク *Romanesque*、ロマンス *romance*、ロマンティック *romantic* などがあります。いずれもローマ *Roma* が共通しています。ローマと言えば、現代ではイタリア共和国の首都ですが、中世の時代にはロマネスクはローマ風の、ロマンスはローマ風の言葉、すなわちラテン語で書かれた小説を意味しました。現代のドイツ語でも小説はロマーン *Roman* と言います。特にラテン語、さらにそこから派生した言語であるイタリア語、フランス語、スペイン語、ポルトガル語などの言語——これらは「ロマンス諸語」と呼ばれます——で書かれた小説は、冒険小説や空想小説が多かったものですから、ローマ風というのは、現実離れした、作家の空想による世界を意味するようになりました。さらに遠い昔、見知らぬ異国、夢、大人が理解できない子どもの世界なども、ロマン主義が表現しようとした対象でした。シューマンのピアノ曲集『子どもの情景』はロマン主義の世界を音楽でもって見事に表現しています。なかでも「トロイメライ（夢）」が有名です。ちなみに、ロマン主義の反対の言葉は現実主義 *realism* です。

第4節 シェーンベルク『月に憑かれたピエロ』より「月に酔って」

[概説]

一般の演奏会や学校の鑑賞教育の授業で、19世紀末から20世紀前半に作曲された「無調」の楽曲を聴くことは、あまりないかもしれません。演奏家や指導者はまず、聴いて満足してもらえるだろうかと、不安を抱いてしまうでしょう。確かに無調音楽の作曲者もそのように考えて、最初は歌詞を導入したり、カノンやフーガなどの対位法を駆使したりすることで、音楽の構成をしっかりとしたものにして、音楽の理解を促したのです。

子どもたちがはじめて経験する無調音楽の作品として、声楽曲は最適であると思われるので、ここではシェーンベルクの『月に憑かれたピエロ』の第1曲「月に酔って」を鑑賞してみたいと思います。

[エントリーポイント]

第1曲「月に酔って」の歌詞に描かれた情景を表現するためには、歌詞を朗読する場合に、どのような抑揚で読んだら効果的であるのかを、探ってみます。こうすることで、シェーンベルクがこの詩に作曲する際に、どのような工夫をしたのかを理解してみます。

[アクティビティ]

Step 1 これから「月に酔って」という詩を朗読してみます。プリントを見ながら聴いてください。

質問：どのような情景が描かれていましたか？　できるだけ詳しく描写してください。

質問：「目をうるおすワイン」というのは、何を表現していますか？

質問：この詩を読んで、どのように感じましたか？

Step 2 では、みなさんもいっしょに朗読してみましょう。最初はニュースを伝えるアナウンサーのように、抑揚を抑えて、淡々と読んでください。

質問：どんな感じがしましたか？　詩が表現していることが、聴いている人に伝わりますか？

Step 3 詩で表現されていることを聴いている人に伝わるように、朗読の仕方を工夫してください。どのような工夫をしたのかを、発表してください。

Step 4 次に、シェーンベルクという20世紀前半に活躍した作曲家が、この詩に音楽を付けています。特に歌手がどのような歌い方をしているのかに注意して、聴いてください。

質問：歌手はどのような歌い方をしていましたか？　どうしてこのような歌い方をしたのでしょうか？

「月に酔って」

夜ごと波のように流れおちる月の光、
それはまるで目をうるおすワインの
ようだ。
やがて大潮になり、
静かな水平線を覆いつくす。
恐ろしく甘美な欲望が、
無数に泳ぎまわっているではないか！
夜ごと波のように流れおちる月の光、
それはまるで目をうるおすワインの
ようだ。

心動かされた詩人は、
聖なる飲みものに酔いしれ、
我を忘れ顔を上げ、
よろめきながら、ゆっくりとあおぎ
見る、目をうるおすワインを。

（久保田慶一・訳）

Step 5 指導者がもしドイツ語の発音ができるのであれば、歌詞を原語で朗読して、ドイツ語の発音に挑戦してみてもよいでしょう。以下に、原詩と発音を表記しておいたので、参考にしてください。

（ドイツ語原詩）

Mondestrunken
モンデシュトゥルンケン

Den Wein, den man mit Augen trinkt,
デン　ヴァイン　デン　マン　ミト　アウゲン　トゥリンクト

Gießt Nachts der Mond in Wogen nieder,
ギースト　ナハトゥ　ディア　モントゥ　イン　ヴォーゲン　ニーダー

Und eine Springflut überschwemmt
ウント　アイネ　シュプリンクフルート　ユーバーシュヴェムト

Den stillen Horizont.
デン　シュティレン　ホリツォント

Gelüste schauerlich und süß,
ゲリュステ　シャウアーリヒ　ウント　ジュース

Durchschwimmen ohne Zahl die Fluten!
ドゥルヒシュヴィメン　オーネ　ツァール　ディ　フルーテン

Den Wein, den man mit Augen trinkt,
デン　ヴァイン　デン　マン　ミト　アウゲン　トゥリンクト

Gießt Nachts der Mond in Wogen nieder.
ギースト　ナハトゥ　ディア　モントゥ　イン　ヴォーゲン　ニーダー

Der Dichter, den die Andacht treibt,
デア　ディヒター　デン　ディ　アンダハト　トゥライプト

Berauscht sich an dem heilgen Tranke,
ベラウシュト　ズィヒ　アン　デム　ハイリゲン　トゥランケ

Den Himmel wendet er verzückt
デン　ヒンメル　ヴェンデト　エア　フェルテュクト

Das Haupt und taumelnd saugt und schlürft er
ダス　ハウプト　ウント　タウメルンドゥ　ザウクト　ウント　シュリュルフト　エア

Den Wein, den man mit Augen trinkt.
デン　ヴァイン　デン　マン　ミト　アウゲン　トゥリンクト

Step 6 これら一連のアクティビティを終えてから、もう1度鑑賞します。

[補足説明]

シェーンベルクの『月に憑かれたピエロ』は1912年、ベルリンで初演されました。歌詞はフランスの詩人のアルベール・ジローの『月に憑かれたピエロ（ピエロ・リュネール）』のフランス語の詩を、ドイツ語に翻訳したものです。シェーンベルクは詩集から21篇を選んで作曲しました。

本書では歌曲として取り上げていますが、編成はソプラノ独唱に、室内楽による伴奏がつきます。編成は、フルート（+ピッコロ）、クラリネット（+バス・クラリネット）、ヴァイオリン（+ヴィオラ）、チェロ、ピアノです。

また楽譜にはソプラノ歌手の旋律が記されていますが、歌手は正確な音高で歌うのでなく、むしろ抑揚を強調して歌うように指示されています。このような歌い方を「シュプレヒシュティンメ *Sprechstimme*」と呼んでいます。「シュプレヒ」は「シュプレッヒェン *sprechen*」、つまり話す（英語の *speak*）という意味です。また「シュティンメ」は声です。シュプレヒシュティンメは「語るような声」で歌うことを意味しています。

ロマン主義の成熟段階にあり、ジローが描く詩の世界も、非現実的で、官能的で、かつ退廃的です。そうした抒情的世界を表現するために、シェーンベルクは無調音楽による伴奏と抑揚を強調した歌い方を必要としたのでしょう。同時代の表現主義の絵画なども参考にして、世紀末ヨーロッパの文化を味わってもらいたいと思います。

シェーンベルクは世紀末のウィーンやベルリンで活躍した音楽家です。自身も絵筆をとって自画像を描くなど、多彩な才能を見せました。非現実的な世界を追求した19世紀のロマン主義の文化は世紀末になると円熟し、退廃的な様相すら見せるようになります。同時代のウィーンで活躍した画家のクリムトなどは、人間の奥深くにあるさまざまな感情のうねりを、官能的に描きました。シェーンベルクの『月に憑かれたピエロ』でも、人間の、ときに狂おしいまでの感情が表現されています。こうした傾向の芸術が、一般的に表現主義の芸術と呼ばれています。

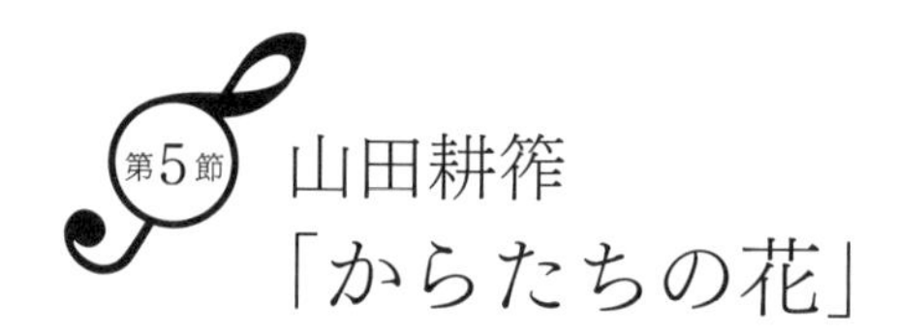

第5節 山田耕筰「からたちの花」

[概説]

学校での鑑賞授業において、日本歌曲も聴いておきたいジャンルです。高度な歌唱技術が要求されますので、児童・生徒が歌うというわけにはいきません。日本歌曲の歴史で先駆的な役割をはたした音楽家は、瀧廉太郎（1879-1903）と山田耕筰（1886-1965）の２人でしょう。

前述した西洋音楽の歌曲では、歌詞やその内容を理解するにしても、日本語に翻訳された歌詞を参考にせざるをえませんでしたが、日本歌曲では歌詞そのものをエントリーポイントに設定して、アクティビティを考案してみたいと思います。

瀧廉太郎はドイツ留学をしますが、病気のために帰国を余儀なくされ、ドイツ滞在は１年半ほどでした。また帰国後まもなく24歳で夭逝してしまいます。そのために、西洋音楽の音楽語法でいかに日本語の歌詞を表現するかという問題は、音楽家として成長していくうえで克服すべき問題とまではなりませんでした。しかし山田耕筰の場合は、ドイツ留学はあしかけ４年に及び、創作の領域も交響曲からオペラにまで及び、その結果山田は19世紀ドイツの伝統的な音楽語法を体得することができました。それゆえに日本に戻って日本語の歌詞を作曲するうえで、ドイツの伝統的な音楽語法と――ドイツ語やイタリア語とは根本的に言語上の性格が異なる――日本語の特性をどのように調整していくのかが、山田にとって大きな課題となりました。

山田が直面した作曲法上の課題を理解することは、彼の音楽を鑑賞するうえでも、重要なことであるように思われます。ここでは、瀧廉太郎の「花」と山田耕筰の「からたちの花」を例に、西洋の音楽語法と日本語との関係についての考察を深めたいと思います。

[エントリーポイント]

歌詞を朗読することで、歌詞の音節数や抑揚を調べ、さらに歌曲の旋律の音楽的特徴と比較してみます。特に、山田耕筰が作曲するに際してどのような工夫をしたのかを、想像してみましょう。

[アクティビティ]

Step 1 次の詩は武島羽衣が創作したもので、瀧廉太郎が歌曲集『四季』の第1曲として作曲したことでよく知られています。皆さんで抑揚をつけて朗読してください。

春のうららの　隅田川
のぼりくだりの　船人が
櫂（かい）のしづくも　花と散る
ながめを何に　たとふべき

錦おりなす　長堤（ちょうてい）に
くるればのぼる　おぼろ月
げに一刻も　千金の
ながめを何に　たとふべき

見ずやあけぼの　露（つゆ）浴びて
われにもの言ふ　桜木（さくらぎ）を
見ずや夕ぐれ　手をのべて
われさしまねく　青柳（あおやぎ）を

質問：各行の音節の数を数えてください。自然な流れで朗読した場合、どの音節が強く（大きな声で）あるいは高く発音されますか？　発音される音節の上に「>」記号を付けてください。

質問：滝廉太郎が付けた旋律を歌詞をつけずに歌ってください（譜例10-1）。どの音符が強く（大きな声で）発音されますか？　その音の上に「>」記号を付けてください。

西洋音楽を記譜する五線譜の場合、基本となる音符（拍）をグルーピングして、拍節とします。拍子記号は、基本となる音符の種類と1拍節内の数を示します。この区切りを示すのが、小節線ですが、通常、小節線の右側の音符が強い拍となります。逆に言えば、ある音符を強拍にするには、その音符の直前に小節線を引けばいいことになります。

譜例 10-1

Step 2「隅田川」を鑑賞してください。

質問：詩と旋律とで、「>」記号のつけた位置（大きさと高さ）は同じでしたか？　一致していた場合、ずれていた場合、それぞれについて、その理由や詩が歌われた場合の問題点などを、話し合ってください。

Step 3 次の詩は北原白秋の「からたちの花」という詩です。山田耕筰が作曲し、日本歌曲の代表的な曲になっています（譜例 10-2）。皆さんで抑揚をつけて朗読してください。

からたちの花が咲いたよ
白い白い花が咲いたよ

からたちのとげはいたいよ
青い青い針のとげだよ

からたちは畑の垣根よ
いつもいつもとほる道だよ

からたちも秋はみのるよ
まろいまろい金のたまだよ

からたちのそばで泣いたよ
みんなみんなやさしかつたよ

からたちの花が咲いたよ
白い白い花が咲いたよ

質問：各行の音節の数を数えてください。自然な流れで朗読した場合、どの音節が強く（大きな声で）あるいは高く発音されますか？　発音される音節の上に「>」記号を付けてください。

質問：山田耕筰が付けた旋律を歌詞をつけずに歌ってください。どの音符が強く（大きな声で）発音されますか？　その音の上に「>」記号を付けてください。

譜例 10-2

質問：詩と旋律とで、「>」記号のつけた位置（大きさと高さ）は同じでしたか？　一致していた場合、ずれていた場合、それぞれについて、その理由や歌詞を歌った場合の問題点などを、話し合ってください。

Step 4「からたちの花」の演奏を鑑賞してください。

質問７：山田耕筰は作曲するに際して、どのような工夫をしていますか？みんなで話し合ってください。

[補足説明]

「からたち」という植物は生垣として好んで植えられます。北原白秋が福岡県柳川で小学校に通った通学路にも植えられていました。また山田耕筰が印刷工場で働いていたときに、空腹からからたちの実をかじり、先輩からいじめられて逃れたのが、からたちの垣根だったと言います。白秋の詩は1924年に発表され、その翌年に山田の歌曲が誕生します。詩人と作曲家それぞれの思い出が結実した歌曲だと言えるでしょう。

詩と音楽が聴者に喚起するイメージは、必ずしも一致しません。それぞれの作者が文化を共有したり、同じ時代に生きたりしないからです。「からたちの花」の作詞者と作曲者の２人も、各人がからたちの花を見たときの心情は同じものではなかったかもしれません。しかしこの歌曲は、日本語による歌曲の創成を願った２人の文化人による傑作であったと言えるでしょう。

第11章 受難曲・オラトリオ・オペラ

第1節 J.S.バッハ『マタイ受難曲』

[概説]

J.S.バッハの『マタイ受難曲』はぜひ1度は聴いておきたい名曲ですが、演奏時間が3時間20分という大曲です。学校の鑑賞授業で全曲を聴くということは無理でしょうし、受難曲がそもそもどんな曲であるのかをわかりやすく説明するのも、そう簡単ではありません。

イエス・キリストの行いと教え――これを「福音」と呼びます――を伝えた「新約聖書」には、イエスが捕らえられ十字架に架けられて死ぬまでの物語――これを「受難物

語」と呼びます――が記されています。この受難物語に曲付けされたものが、「受難曲」です。福音書の作者によって、「マルコによる福音書」、「ヨハネによる福音書」、「マタイによる福音書」、「ルカによる福音書」の４つの福音書があります。それぞれどの福音書の物語を歌詞にするかによって、たとえば「マタイ受難曲」と呼ばれることになります。

受難物語の中でひときわドラマチック場面が、「ペトロの否認」と呼ばれる場面です。ここではその場面を鑑賞したいと思います。

[エントリーポイント]

「マタイによる福音書」の「受難物語」に描かれた「ペトロの否認」の場面を、役割を決めて朗読します。歌詞のスタイルに注目して、それぞれの場面やその歌詞に、どのような音楽が適切なのかを、みんなで話し合います。そしてバッハはどのような音楽表現を選択したのかを考えてみます。

[アクティビティ]

Step 1 これから短いエピソードを読んでみます。登場するのは、ペトロという男です。彼はイエスという男の仲間なのですが、イエスが捕らえられてしまい、それを心配して捕らわれの場所にやってきたのです（注：エピソードの文章は聖書での記述そのものではありません）。

語り手：ペトロは外の中庭で座っていた。そこへ１人の女中が近づき、こう言いました。
女中：「あなたもガリラヤのイエスと一緒にいましたね？」
語り手：ペトロは皆の前でそれを打ち消して、言いました。
ペトロ：「何のことを言っているのか、わたしには分からない」
語り手：ペトロが門の方に行くと、ほかの女中が彼を見て、人々にこう叫びました。
別の女中：「この人はナザレのイエスといっしょにいましたよ」
語り手：そこで、ペトロは再び、こう打ち消しました。
ペトロ：「そんな人は知らない」

語り手：しばらくしてそこにいた人々が近寄って来て、ペトロに言います。

人々：「確かに、お前もあの連中の仲間だ。言葉遣いでそれが分かる」

語り手：そのとき、ペトロは呪いの言葉さえ口にしながら、こう誓います。

ペトロ：「そんな人は知らない」

語り手：するとすぐ鶏が鳴きました。ペトロは、「鶏が鳴く前に、あなたは三度わたしを知らないと言うだろう」というイエスの言葉を思い出し、外に出て、激しく泣きます。

Step 2 語り手、ペトロ、女中、人々の役をみんなで演じてみましょう。

質問：ペトロはどうして、イエスのことを知らないと言ったのでしょうか？

質問：ペトロはどうして、外に出て、激しく泣いたのでしょうか？　そのとき、どのような気持ちになっていたのでしょうか？

質問：ペトロの気持ちを音楽で表現するとしたら、どのような方法があるでしょうか？　合唱ですか、独唱ですか、二重唱ですか？　伴奏はどんな楽器がいいですか？　どんな感じの音楽がいいですか？

Step 3 バッハの『マタイ受難曲』のこの場面（アルトのアリア「私を憐れみたまえ」まで）を聴いてみてください。

質問：バッハはこの場面にどのような音楽を付けていましたか？　それぞれのスタイルの特徴について話し合いましょう。

［補足説明］

キリスト教信徒の方ならよくご存知の場面ですが、一般の日本人にとってはあまり馴染みがありません。しかしバッハの『マタイ受難曲』は有名ですので、１度は聴いておきたい曲かと思います。特に、前述した「ペテロの否認」はこの受難曲の中でもドラマチックな場面ですし、ヴァイオリンの美しいソロに伴われて歌われるアルトのアリアも、名曲中の名曲です。

ペトロはイエスが自分の愚かしい行動を予見していたことに驚くと同時に、自分の愚かさを悔い改め、神に許しを請います。キリスト教徒でない人にとっては、ここで表現されている宗教的な感情を共感することは難しいかもしれませんが、ペトロの悔悛の気持ちを表現するためにバッハが付した音楽を、理解することはできるでしょう。

私たちも日常生活で、自分の行動を反省し、後悔に苛まれることはしばしばあります。そのとききっと、だれかしらに赦しを請うことでしょう。多くの人に共通するこうした「感情」こそ、バッハが生きた時代の音楽家たちが作品の中で表現しようとした「感情」だったのです。

またこの時代の声楽曲では「ひとつの感情をひとつの様式で」作曲するという決まりがあったことを知っていれば、バッハの声楽曲のみならず、器楽曲を鑑賞するときの参考になると思います。「怒りのアリア」とか「嘆きのアリア」という題名でもって、楽曲が表現する「ひとつの」感情を示すことができたのも、この時代にはこうした作曲の決まりがあったからにほかなりません。

バッハがこの『マタイ受難曲』を初演したのは、1727 年４月、ライプツィヒのトーマス教会においてでした。ライプツィヒのトーマス教会に赴任して、ちょうど４年ほどたったころです。バッハはこの受難曲を改訂しつつ４回演奏していますが、今日よく演奏されるのは、３回目の演奏にあたる 1736 年に演奏された形です。バッハはこの演奏に際して、楽譜を清書し、特に聖書の言葉だけは赤いインクで書いています。

バッハが生前４回演奏したこの受難曲は、作曲者の死後、演奏されることはありませんでした。1736 年の演奏の際に作成された自筆の総譜は次男のカール・フィーリプ・エマヌエルが相続し、最終的に 19 世紀にはベルリンのドイツ帝国図書館の所蔵となります。

音楽家のフェリックス・メンデルスゾーンが初演からほぼ 100 年後に、ベルリンの地でこの曲の復活演奏を行い、その後の「バッハ復活」のきっかけとなったことは、よく知られています。

J. ハイドン オラトリオ『天地創造』

[概説]

クラシック音楽の中で重要な位置を占めているキリスト教の音楽のうち、日本でよく知られているジャンルがオラトリオです。オラトリオ *oratorio* とは「祈り」の意味で、16 世紀中ごろ、反宗教改革期のイタリアで建造された祈祷所を指す言葉でした。この場所が演奏会場として大きさや音響などが適していたために、宗教的あるいは道徳的な内容をもった歌詞を、器楽伴奏つきの合唱や独唱でもってこの場所で歌ったのが、音楽作品としてのオラトリオのはじまりでした。

オペラと音楽的にはよく似ていますが、オラトリオは舞台装置や衣装を使用しないで、演奏会形式で演奏されます。音楽は一般的に、器楽合奏、アリア（登場人物のその時々の気持ちを旋律的に歌う）、レチタティーヴォ（物語の進行を語るように歌う）、合唱（民衆や神の言葉を伝える）から構成されています。

ヘンデルのオラトリオ『メサイア』の「ハレルヤ」合唱は、テレビのコマーシャルにも使用されていますので、多くの人が最初のフレーズなら歌えるのではないでしょうか。J. ハイドンの『天地創造』の合唱曲「天は御神の栄光を語り」も同様に、広く愛されている曲と言えるでしょう。

しかし『メサイア』や『天地創造』の全曲を聴いたことのある人は、あまり多くないかもしれません。また歌詞に使用されている多くは、聖書に由来する内容であり、キリスト教徒でない人たちには、その内容を理解するのは難しいかもしれません。

これらのオラトリオでは、聖書の言葉をそのまま歌詞にするのではなく、聖書を素材にして、詩人が制作した歌詞を使用しています。詩人は聖書からイメージを得て言葉を選び、作曲者はさらに聖書と詩からイメージを得て、音を選んでいきます。聖書→歌詞→音楽という流れで、さまざまな芸術的イメージが想像され、音楽作品となっていくわけです。

ここでは、『天地創造』を例にして、前述したようなイメージの創作の連鎖を追体験してみたいと思います。

[エントリーポイント]

まず聖書の該当箇所を読んで、描かれている情景を、絵に描いてみましょう。そして聖書を素材にして制作された詩に、どのような音楽が適しているのかを探索します。

[アクティビティ]

Step 1 以下の詩は、旧約聖書の「創世記」の第1章の冒頭部分です。どんな情景が描かれているのか、話し合ってみましょう。

はじめに神は天と地とを創造された。
地は形なく、むなしく、闇が淵のおもてにあり、
神の霊が水のおもてをおおっていた。
神は「光あれ」と言われた。すると光があった。
神はその光を見て、良しとされた。
神はその光と闇とを分けられた。
神は光を昼と名づけ、闇を夜と名づけられた。
夕となり、また朝となった。第一日である。

出典：『聖書 ［口語］』日本聖書協会、1955年

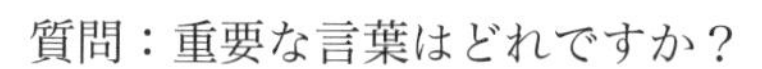
質問：重要な言葉はどれですか？
質問：どのようなストーリーが描かれていますか？
質問：光と闇はどのような関係にありますか？

Step 2 この詩から得られるイメージを、絵やデザインで表現してみてください。

質問：何をイメージして描きましたか？

Step 3 次の詩は、聖書を素材にして制作され、ハイドンが使用した歌詞です。それぞれの部分には、どんな音楽がふさわしいかを考えてみましょう。

はじめに、神は天地を創造されました。
地は混沌にあって、闇が深淵のふちにあります。

神の霊が水上を動いています。
神は言われました。「光あれ」
こうして光が生まれました。
神は光を見て、よしとされ、
光と闇を分けられました。

今や聖なる光の前に暗黒の闇の影は消え、
第1日となりました。
混乱は退き、秩序が生まれました。
地獄の霊の群れは恐れおののき、
深淵の深みへと、永遠の夜に去っていきました。
絶望と怒りと恐怖は去り、
新しい世界が神の言葉によって生まれました。

(久保田慶一・訳)

Step 4 ハイドンの『天地創造』の第1部の第2曲と第3曲を聴いてみましょう。そしてハイドンはどんな音楽を付けたのかを、話し合ってみましょう。

Step 5 次に「混沌の描写」と題された第1部の第1曲を聴いてみましょう。

質問：ハイドンは「混沌」の状態を表現するために、どのような音楽を提供していますか？

[補足説明]

今日では、ハイドン、モーツァルト、ベートーヴェンの３人の作曲家を総称して、ウィーン古典派と呼びます。しかし３人の創作活動のいわば「黒子」のような存在であったのが、ヴァン・スヴィーテン男爵です。彼はオーストリア帝国の外交官として、ベルリンなどに駐在したときに、バッハやヘンデルの楽譜を収集して、ウィーンに持ち帰りました。そしてオーストリア帝国図書館長となった彼は、図書館の１室で、毎日曜日、バッハとヘンデルの２人の音楽だけを演奏する演奏会を開催し、そこにモーツァルトが足しげく通います。また若いベートーヴェンの支援者となり、彼の交響曲の第１番を献呈されたりしています。ちなみに、男爵自身も作曲をするなど、アマチュア音楽家として、並々ならぬ才能をもっていました。

そんな彼が中心となって、18世紀末のウィーンではなかなか演奏されることの少なかったオラトリオを聴くための連続演奏会が企画されました。第１回の演奏会は1788年に行われ、モーツァルトがバッハの次男エマヌエルのオラトリオ『キリストの復活と昇天』を編曲して演奏しました。さらに翌年の３月には再度モーツァルトがヘンデルのオラトリオ『メサイア』を編曲して演奏します。

モーツァルトが亡くなり、ハイドンが２度のロンドン滞在を終えてウィーンに戻ると、男爵はハイドンに新作のオラトリオの作曲・演奏の企画を提案します。ハイドンはロンドンでヘンデルのオラトリオを聴いて、大いに刺激を受けていました。こうして誕生したのが、ハイドンのオラトリオ『天地創造』と『四季』です。

『天地創造』の歌詞は、旧約聖書に記された「創世記」とミルトンの「失楽園」を素材にして、リデュレイという無名の作者がヘンデルのために書いたと思われる英語の歌詞でした。ハイドンはロンドン滞在中に音楽興行師のザロモンからこの歌詞を入手していましたが、すぐには作曲されず、ようやくスヴィーテン男爵の提案によって日の目を見たわけです。1799年３月に公開で演奏され、大成功を収めました。

モーツァルト オペラ『フィガロの結婚』

[概説]

オペラを鑑賞するには、最近ですとＤＶＤがあり、日本語の字幕スーパーが付されていますので、ストーリーさえ最初に理解しておけば、予備知識なく鑑賞しても楽しむことができます。ここではもう少し音楽的な側面に注目して、特にモーツァルトのオペラ『フィガロの結婚』を鑑賞してみたいと思います。

このオペラには、たくさんの重唱があります。重唱というのは複数の歌手で異なるパートを歌うのですが、ひとつのパートを歌うのは１人の歌手（配役）です。たとえば、二重唱ですと、２人の歌手がそれぞれのパートを歌います。このオペラには二重唱は６曲、三重唱は２曲、そして六重唱が１曲あります。

１人でひとつのパートを歌うのはアリアです。ここでは歌手は思う存分に歌詞の内容を表現し、また自分の歌手としての力量を発揮することができます。しかし二重唱や三重唱になると、そうはいきません。それぞれの役がそれぞれの歌詞を歌いますので、同時に異なる言葉がぶつかります。しかし音楽的にはうまく調和しています。そして音楽の流れに沿って、歌詞が語られたり、歌われたりして、物語が展開していきます。

演奏に際しては、歌手たちはお互いに相手のパートをよく聴かなくてはなりませんが、またあまり聴きすぎてしまっては、自分のパートの存在が薄くなってしまいます。ここでのバランスをどううまくとって、ひとつの曲にし上げていくのかに、歌手の方はとても神経を使うところなのですが、聴く方にとっては大いに楽しめるところでもあります。

このような重唱を多数配して、貴族の館でのフィガロとスザンナの結婚をめぐる「ドタバタ劇」を芸術的なオペラにすることに、モーツァルトは大成功したと言えるでしょう。

[エントリーポイント]

第３幕の第18曲の六重唱を例にして、６人の歌手たちの異なる歌詞に作曲する場合に、どのような難しさがあるのかを探究します。演劇ではできない表現を、モーツァルトが音楽（つまり、旋律と和声）を使って、どのように可能にしたのかを考えてみます。

[アクティビティ]

Step 1 ここで『フィガロの結婚』の一場面を紹介しましょう。

フィガロは、マルチェリーナから、昔の借金のカタに結婚を迫られます。しかしマルチェリーナとの結婚に乗り気でないフィガロは、やけになって自分の素姓を明かします。自分が貴族の出身であること、そして盗賊に誘拐されて両親から引き離されたことを。そして右腕にはあざがあることも明かすと、フィガロの両親が実はバルトロ（男性医師）と、今自分に結婚を迫っているマルチェリーナとわかってしまうのです。

フィガロとマルチェリーナは親子の再会を抱き合って喜びます。そこにフィガロと結婚することになっているスザンナが現れ、勘違いしたスザンナはフィガロの頬に一撃を食らします。舞台には、バルトロやクルツィオ（男性裁判官）の２人がいて、このドタバタ劇を見て、横やりを入れてきます。

配役を決めて、以下のセリフを読んで、お芝居をしてください。

① スザンナ：これでも、くらえ！（フィガロに平手打ちを食わせる）

② フィガロ／マルチェリーナ／バルトロ：心がけがいいからだよ、私たちがこんなにも愛しているからだよ。

③ スザンナ：怒りで身体がおののくわ、私が年増女に負けるなんて。

④ クルツィオ：怒りで身体がおののくぞ、これは運命の勝利だ。

⑤ アルマヴィーヴァ伯爵：怒りに身体がおののくのじゃ、これは運命の勝利だ。

質問：６人がそれぞれ台詞を語っています。どんな情景なのか、話し合ってください

Step 2 次に、６人の登場人物のそれぞれの台詞を、同時に読んでみましょう。

質問：６人が同時に台詞を読むと、どうなりますか？

モーツァルトはこれら６人を同時に歌わせています。図表 11-1 を参照してください。この図には、各歌手がどの台詞を歌うのか、その順番が示されています。

図表 11-1　６人の歌う順番

スザンナ	①＿＿　③＿＿＿＿＿＿＿＿
マルチェリーナ	②＿＿＿＿＿＿＿＿＿＿
クルツィオ	④＿＿＿＿＿＿＿
アルマヴィーヴァ伯爵	⑤＿＿＿＿＿＿＿＿＿
バルトロ	②＿＿＿＿＿＿＿＿＿
フィガロ	②＿＿＿＿＿＿＿＿

質問：どの台詞が同時に歌われていますか？

Step 3 では、モーツァルトが６人の台詞にどのような音楽を付けたのかを聴いてください。

質問：台詞と音楽はどのような関係になっていましたか？　台詞が作る展開と音楽が作る流れは、どのように関係しあっていましたか？

一般に演劇では、口論や大騒ぎの場面以外で、複数の役者が異なる台詞を話すことはありません。しかしその台詞に旋律が付されて歌われますと、言葉そのものは聴きづらいのですが、役者（歌手）たちの声は美しく調和します。モーツァルトはしかもこのような台詞と音楽を一体化して、オペラのドラマ（筋書き）を進行させているのです。その展開はきわめてダイナミックで、モーツァルトのオペラならではのものです。

[補足説明]

『フィガロの結婚』はフランスの劇作家ボーマルシェが書いた戯曲３部作の第２部です。オペラの台本を書いたのは、当時ウィーンの宮廷作家だったダ・ポンテです。ここでは、『フィガロの結婚』の前段となる、第１部『セヴィリアの理髪師』の内容を簡単に紹介しておきましょう。

舞台は18世紀中ごろ、スペインのセヴィリアです。この地で医者を営むバルトロは、ロジーナという名前の身よりのない女の子を育てていました。彼女の両親はお金持ちで、持参金がありました。そんな彼女に一目ぼれしたのが、アルマヴィーヴァ伯爵です。一方のバルトロもロジーナとの結婚を望んでおり、彼女のお金を使いこんでいることを隠すためにも、それは必要でした。そこで登場したのが、理髪師のフィガロです。伯爵とも旧知の中で、フィガロの機転の利いた判断によって、伯爵とロジーナは結婚することができたのです。これが第１部の『セヴィリアの理髪師』の大方の話です。

伯爵はロジーナと結婚できたことから、理髪師であったフィガロを伯爵家の家来に取り立てました。これに対して、バルトロはロジーナとの結婚を阻まれたことで、フィガロに対して恨みをいだきます。伯爵家の女中頭のマルチェリーナは、フィガロにお金を貸して、返済できないときには結婚するという約束をしていました。しかしその昔バルトロと関係があって、そのときに誕生した子どもが、フィガロだという秘密が明かされて大騒ぎになるのです。これが、今回紹介した六重唱の場面です。

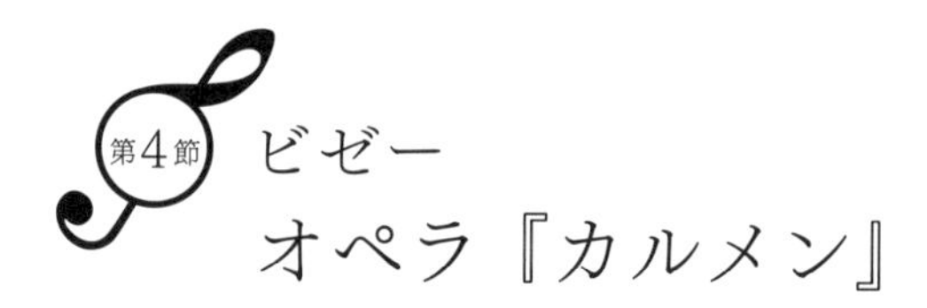

第4節 ビゼー オペラ『カルメン』

[概説]

日本で最もよく知られているオペラのひとつが、19世紀フランスの作曲家ビゼーが作曲したオペラ『カルメン』です。スペインを舞台にして、闘牛士が颯爽と登場し、カルメンが歌う「ハバネラ」など、スペイン情緒いっぱいの音楽が楽しめるオペラです。こうしたことが日本でも人気が高い理由なのでしょう。

しかしオペラそのものは、カルメン（タバコ工場の女工）、ホセ（伍長）、エスカミーリョ（闘牛士）、ミカエラ（ホセの許嫁）という４人の若い男女が織りなす愛憎劇で、カルメンがホセによって刺殺されるという衝撃的な場面で幕となります。そのために、学校の授業で鑑賞するのには、不向きであると思われる方もおられるかもしれません。しかしＴＡの手法を活用すれば、小学生の高学年以上であれば、鑑賞できると思います。

話の筋は簡単です。従順で真面目な兵営の伍長であるドン・ホセが、タバコ工場の女工で、自由奔放に生きるロマ（ジプシー）の女性カルメンと恋仲になります。ドン・ホセには田舎に、貞淑で無垢な許嫁のミカエラがいます。そこに闘牛士のエスカミーリョが現れ、カルメンの心はこの闘牛士に奪われてしまいます。ミカエラの説得にも関わらず、ホセはカルメンに、自分のもとに戻るよう迫ります。しかしその思いも叶わず、ホセはカルメンを殺害してしまうのです。

このような愛憎劇は現代の日本社会でも見られるのではないでしょうか。心変わりをして別の男性とつきあっている彼女を、元カレがストーカーして、復縁を迫ったが受け入れられずに、彼女を殺してしまうというような事件は、しばしばマスコミを賑わせます。彼女を永遠に自分のものにするために、命を奪ってしまうという、決して許されない究極の選択を元カレはしてしまうわけです。

[エントリーポイント]

オペラの主な登場人物の心理を推測して、自分だったらどのような行動をするのかを、考えてみることで、オペラで展開される「心理劇」を追体験してみましょう。

[アクティビティ]

Step 1 まずは、現代の社会での２人の男性と２人の女性の設定で考えましょう（図表11-2）。１人の男性は真面目で、田舎に貞淑な許嫁を残して、都会で仕事をしています。この男性はやがて自由奔放に生きる女性と恋仲になります。しかし移り気な彼女はやがて、ダンディでかっこいい男性のことが好きになり、真面目な男性を疎ましく思うようになります。真面目な男性は許嫁の女性に諭されるのですが、恋した女性のことを忘れることができません。そしてこの真面目な男性は、好きになった女性に心変わりを迫ったのですが、女性はその申し出を断ったところ、男性に命を奪われてしまいます。

図表11-2　4人の人間関係

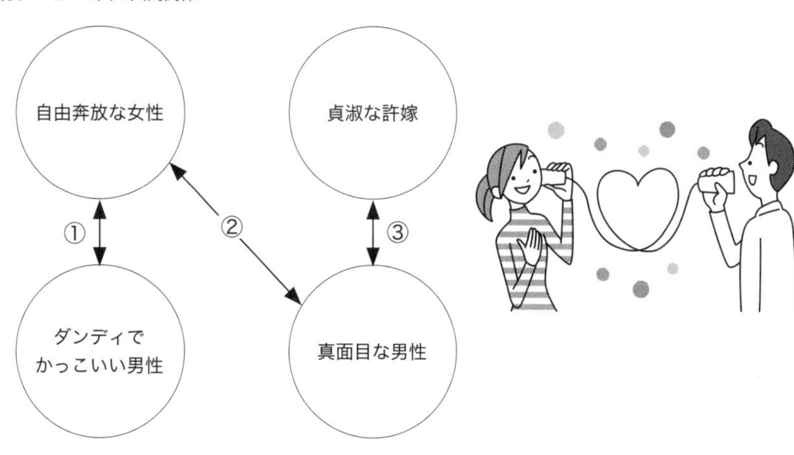

Step 2 4人の登場人物の性格や心理について話し合ってみましょう。

質問：真面目な男性はどうして貞淑な許嫁ではなく、自由奔放な女性を好きになったのでしょうか？

質問：貞淑な許嫁は、どのような気持ちから、婚約者に翻意を促したのでしょうか？

質問：自由奔放な女性は、どうして真面目な男性が疎ましく感じられるようになったのでしょうか？

質問：ダンディでかっこいい男性は、本当に、自由奔放な女性を愛していたのでしょうか？

Step 3 もしあなたが、4人の登場人物の1人だったら、どのような行動をするのかを考えてみましょう。

質問：あなたが真面目な男性なら、どうしますか？

質問：あなたが貞淑な許嫁なら、どうしますか？

質問：あなたが自由奔放な女性だったら、どうしますか？

質問：あなたがダンディでかっこいい男性だったら、どうしますか？

Step 4 これら4人の登場人物では、オペラでは次のような配役になっています。

真面目な男性＝ドン・ホセ
貞淑な許嫁＝ミカエラ
自由奔放な女性＝カルメン
ダンディでかっこいい男性
＝エスカミーリョ

オペラ『カルメン』を鑑賞してみましょう。時間がない場合には、第3幕の後半と第4幕だけでいいでしょう。自分はどの人物になって鑑賞するのかを、決めておいてください。鑑賞後にそれぞれ感想を述べ合います。

[補足説明]

オペラ『カルメン』の原作は、旅行作家メリメが書いたスペイン旅行記です。メリメはそこに滞在中のグラナダで聞いた、不実なロマの売春婦カルメンのせいで殺人を犯した山賊ドン・ホセを掲載しました。そしてこの小説「カルメン」のオペラ化の話がもちあがり、メイヤックとアレヴィの2人によって、オペラ『カルメン』(初演1875年)の台本が完成されました。

オペラ台本の作成に際して、2人は原作をかなり改作しました。第1に、カルメンを「性悪な売春婦」ではなく、タバコ工場で女工として働きつつも自由奔放に生きる女性へと変えました。実際のカルメンが暗い森の片隅で殺害されたのに対して、オペラでのカルメンは輝く太陽のもと、祝祭的な場面で最期を遂げます。第2に、カルメンとホセの2人と対照的な登場人物が加えられました。すなわち、「自由奔放に生きる」カルメンに対して、「貞淑で無垢な」ミカエラが、そして「優柔不断な」ホセに対して、「栄光に満ちて颯爽とした」闘牛士エスカミーリョが、配されたのです。そして当時のオペラ・コミックの舞台にふさわしく、街の子どもたちの合唱や闘牛場の場面が挿入されます。こうして、売春婦カルメンと山賊ドン・ホセの痴情が絡んだ殺人劇にしか過ぎなかった小説「カルメン」は、4人の登場人物のそれぞれの人生や個性から生み出される、劇的な運命劇へと仕立てられたのです。

闘牛士エスカミーリョと貞淑な女性ミカエラは人格的に確立され安定した存在ですが、カルメンとホセは人格的には未熟な存在です。カルメンは協調性に乏しく、自尊感情にも乏しい。またホセは女性の情にほだされ自分自身では決断できない男なのです。こうした4人の男女が出会ってしまうと、ことは悪い方向に進んでしまいます。彼らは1本の運命の糸でつなげられ、運命から逃れられないままとなってしまいます。この運命を象徴しているのが、「運命のモチーフ」です。序曲の最後の方に登場する半音階的に下行する旋律です。不気味に地獄へと下行しつづけます。オペラは全4幕ですが、幕ごとに1回登場します。いずれも登場人物たちが運命の進路を定める場面ばかりです。

第5節 プッチーニ オペラ『ラ・ボエーム』

[概説]

18 世紀までのオペラは、オペラの起源がギリシア神話の復興であったことから、神話や英雄譚が台本のもとになることが多いのです。しかし 19 世紀になると次第に、現実世界での出来事を題材にしたオペラが好まれるようになります。現代の私たちがこうしたオペラを鑑賞するのには、19 世紀のヨーロッパ社会の様子を、多少なりとも知っておく必要があります。

しかしＴＡは 19 世紀に作曲されたオペラを現代の私たちへと引き寄せます。つまり、19 世紀の社会を描いたオペラの中に、子どもから老人までを含めた私たちが現代でも直面しうる困難や苦しみを見出し、そこからオペラへの共感を引き出すわけです。ここでは、プッチーニのオペラ『ラ・ボエーム』を鑑賞したいと思います。

[エントリーポイント]

現代の私たちが直面する苦難のひとつが、愛する人の死です。家族だったり、恋人だったり、友人だったりします。病気や事故など、自分ではどうしようもない原因で、この世を去っていくのは、本人にも辛いことではありますが、その人を愛する周辺の人にとっても、耐えがたい苦しみをもたらします。すでに数十年の人生経験をしてきた人は、1 度ならず、このような苦しみを経験しておられるでしょう。しかし 10 代の若者であっても、世界のどこかで今なお戦争が起きていて、愛する人が殺害され、故郷を離れて分かれ分かれになっている人たちがいることを、報道などで知っているはずです。そのような人たちの苦しみを共有できないまでも、共感することはできるでしょう。

［アクティビティ］

Step 1 女性と男性に、同じ趣旨の質問をします。

質問（女性へ）：「あなたには好きな男性がいます。しかし自分は不治の病気で、死が迫っています。そんなとき、自分にはお金がなくて、病気を治してあげられないからと、彼が別れを告げました。もう死期が迫っています！　さて、あなたなら、この先、どうしますか？」

質問（男性へ）：「あなたには好きな女性がいます。しかし彼女は不治の病気で、死が迫っています。あなたにはお金がなくて、彼女の病気を治してあげられず、彼女と別れるつもりです。さて、あなたなら、どうしますか？」

まず自分１人で「私ならこうするなあ」と考え、それからグループで各自の考えを紹介して、話し合ってみてください。

Step 2 これから鑑賞するオペラ『ラ・ボエーム』は、純粋に愛し合っている若い男女が、貧困と病気から逃れることのできない悲しい運命をテーマにした作品です。どんな人物が登場するのかを見ておきたいと思います。

舞台は19世紀前半のパリです。この大都市には、職の定まらない若い芸術家たち──彼らをフランス語では「ラ・ボエーム」と呼びます──が集まり住んでいました。詩人のロドルフォ、画家のマルチェッロ、音楽家のショナール、哲学者のコッリーネの４人も、「ラ・ボエーム」たちでした。

彼らが住む建物に、貧しく病弱な針子のミミが住んでいました。そしてミミとロドルフォはあるクリスマス・イブの夜、偶然に知り合い、互いに恋するようになります。一方、マルチェッロは元カノのムゼッタから誘いを受けています（図表11-3）。

図表11-3 『ラ・ボエーム』の人間関係

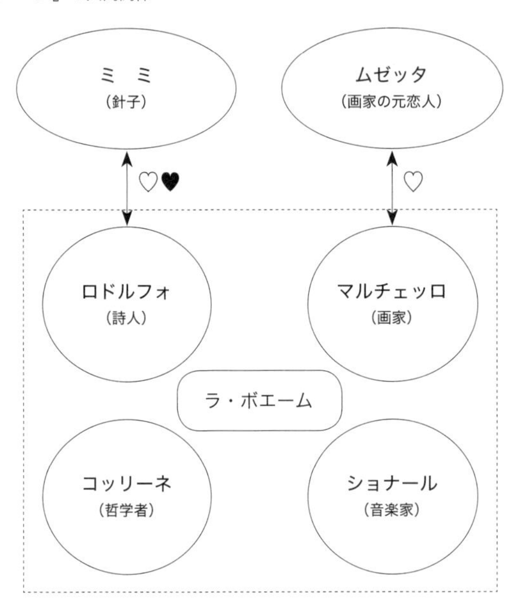

Step 3 さて、ロドルフォとミミはいっしょに生活するようになります。しかしロドルフォは自分のような貧乏な男といっしょにいては、ミミの病気は治らないと思い、ミミにつらくあたります。やがてミミは彼の所から去るのですが、病気には勝てず、最後に一目、ロドルフォに会いたいとやってきます。

オペラは全部で4幕までありますが、ミミがロドルフォや友人たちに囲まれて、この世を去っていく最終幕を観るだけでもいいでしょう。自分はどの人物になりきって観るのかを、前もって決めておくといいかもしれません。

「私はミミに」、「僕はロドルフォに」と宣言してもいいでしょう。

Step 4 オペラを鑑賞したあとに、自分たちの感情の動きを語り合ってみましょう。

質問：ミミやロドルフォの心情に、プッチーニはどんな音楽（旋律や和声など）を付けているでしょうか？

[補足説明]

作曲者のプッチーニは、19 世紀から 20 世紀に活躍した、イタリアのオペラ作曲家です。皆さん方がよく知っている「ある晴れた日に」（オペラ「蝶々夫人」より）、フィギュアスケートの競技でもよく聞こえてくるアリア「誰も寝てはならぬ」（オペラ「トゥーランドット」より）などは、彼の作品です。

19 世紀のオペラは、大編成のオーケストラを伴奏にして、ベルカント唱法でもって、美しい旋律を次々に聴かせてくれます。「グランド・オペラ」と呼ばれる所以です。題材も神話や英雄伝説ではなく、現実の世界を舞台に、揺れ動く感情をもった人間が登場します。しかしこの時代の現実社会は産業の発達とともに、都市には多くの人が集まりましたが、同時に、過酷な労働や貧困、さらに衛生不良などの、多くの社会問題を抱えていました。「ラ・ボエーム」の舞台となるパリも、そんな大都会のひとつでした。

ミミの職業は「針子」でした。現代の私たちにはあまり馴染みのない職業です。「針子」というのは、洋服屋などの仕立て屋から縫物を下請けして洋服などを縫う仕事をします。この時代には、貧しい若い女性たちが生活のために働く典型的な仕事でした。

これに対して、ムゼッタは恋多き女性で、マルチェッロの元カノです。しかしまだ彼のことが好きで、今付き合っている老人のアルチンドロに買い物をねだったり、食事代の払いをさせたりと、彼の嫉妬心をあおります。ミミとムゼッタはまったく性格の異なる女性として描かれています。

「ラ・ボエーム」という言葉の語源ですが、ボエームというのはもともとボヘミア（現在のチェコ）のことを意味します。当時のパリにはボヘミアから移住してきた人々が多数いて、定職もなく自由な生活をしていました。

おわりに

筆者は、音楽科の教員養成にも長く携わってきた関係から、常々、音楽鑑賞の方法や、その授業方法に関心をもっていました。音楽鑑賞や学校での位置づけを規定する学習指導要領に対する疑問に発した新たな提案は、本書の第６章で述べたとおりです。そしてこうした問題意識が解決されないまま、数十年が過ぎてしまったのですが、ティーチング・アーティストの理念に出会ったことで、長年の課題が解決できるのではないかと、期待を抱くようになったのです。

筆者がさまざまな場面でティーチング・アーティストの考え方や手法を利用していることは述べましたが、一昨年からは毎年夏に実施される「免許更新講習」でも、新しい考え方にもとづいた音楽鑑賞授業を実践して、現職の音楽科教員の方々に体験してもらっています。参加された現役の教員の方々にも好評で、終了後には「ぜひ、授業でもやってみたい」と言ってくださる方も、１人や２人ではありませんでした。

本書の理論篇の一部は、ブースの主著の要約です。関心のある方はぜひ、そちらの本を読んでいただければと思います。そして実践篇ではこれまで私が実践してきた方法を紹介しておきました。今回は学校の授業でＣＤやＤＶＤを使った鑑賞を想定しましたので、エントリーポイントの設定やアクティビティの方法については、少し制約があります。演奏される方が指導者の場合は、その可能性はもっと広くなりますので、ぜひチャレンジをしてください。また本書では25曲だけしか対象にしていませんが、他の曲でも試していただければ幸いです。

ここで、少しティーチング・アーティストについて、説明をしておきましょう。日本では職業としての「ティーチング・アーティスト」はまだあまり知られていません。しかし多くの音楽家たちがすでに、演奏前に曲目の説明や楽器の体験などを取り入れるなどしています。自分たちのやり方が実はティーチング・アーティストの考え方や手法であることに気づかずに、コンサートホールに来る聴衆の人たちを、これから演奏する音楽の世界へと導いているのです。また音楽のアウトリーチ活動においても、はじめてクラシック音楽を聴くという人もいる会場で、聴衆に向けてさまざまな取り組みをしています。今ことさらに「ティーチング・アーティスト」という表現を使わなくてもいいという現状があります。しかし今日の我が国の音楽や音楽教育が置かれた状況を考えるとき、音楽家や音楽教師が自らの方法を顧みて、音楽を伝える、あるいは音楽を通して教育をするという、自分たちの職業を再度考えてみる必要はあるかと思います。

今日では「ティーチング・アーティスト」と呼ばれている職業ですが、活動そのものは、1980年代のアメリカにはじまりました。そして現在、アメリカなどでは「音楽の職業」としても、認知されていると言えるでしょう。2012年の報告ですが、「ヤング・オーディエンス *Young Audiences*」という全国組織が5,200人のティーチング・アーティスト（音楽家、舞踏家、役者）と契約して、アメリカの33の州支部にある学校で、教育プログラムを実施しているそうです。今では収入のほとんどをティーチング・アーティストとしての活動で得ている音楽家も多いそうです。アメリカの最近の音楽状況については、ドーン・ベネット編著・久保田慶一編訳の『音大生のキャリア戦略』（春秋社、2018年）の第3章「アメリカで学んだ音楽家たち　教育、チャンス、産業界の変化」を参照してください。

筆者もコンサートやレクチャー、さらにプログラム・ノートを執筆するときに、この新しい職業の考え方や方法を用いるようになって、10年ほどになります。また2016年には、アメリカでのティーチング・アーティスト養成において「聖書」のような地位を得ている、エリック・ブースの主著『ティーチング・アーティスト：音楽の世界に導く職業』を水曜社から出版しました。おかげさま多くの方に読んでいただき、日本でのティーチング・アーティストの普及に手ごたえを感じている今日、このごろです。

本書を執筆するにあたっては、水曜社の仙道弘生さんにお世話になりました。すべての方々に感謝の意を表したいと思います。また、本書は2018-20年度日本学術振興会による科学研究費・挑戦的研究（開拓）「音楽ティーチングアーティスト養成コアカリキュラム開発のための音楽大学（学部）連携（課題番号 18H05303）の研究成果の一部を活用しています。

2019年 小寒の侯

東京・清瀬にて

参考文献

教育芸術社（2016）『音楽の鑑賞資材と基礎学習』教育芸術社

久保田慶一（2017）『2018年問題とこれからの音楽教育』ヤマハミュージックメディア

公益財団法人 音楽鑑賞振興財団（2012）『よくわかる！ 鑑賞領域の指導と評価 体験してみよう！ 実践してみよう！ これからの鑑賞の授業』

西島千尋（2010）『クラシック音楽は、なぜ〈鑑賞〉されるのか 近代日本と西洋芸術の受容』新曜社

橋本美保・田中智志監修／加藤富美子編著（2015）『音楽科教育（教科教育学シリーズ）』一藝社

山崎正彦（2012）『見つけよう 音楽の聴き方 聴かせ方 新学習指導要領を活かした音楽鑑賞法』スタイルノート

渡邊學而（1987）『音楽鑑賞の指導法』音楽之友社

エリック・ブース著／久保田慶一監訳、大島路子・大類朋美・訳（2016）『ティーチング・アーティスト：音楽の世界に導く職業』水曜社

ゲルハルト・マンテル著／久保田慶一訳（2011）『楽譜を読むチカラ』音楽之友社

ロンドン・テートギャラリー編／奥村高明・長田謙一監訳（2012）『美術館活用術 鑑賞教育の手引き』美術出版社

久保田 慶一（くぼた・けいいち）

国立音楽大学教授。東京芸術大学音楽学部、同大学大学院修士課程を修了。1999 年東京芸術大学より「博士（音楽学）」を授与。ドイツ学術交流会の奨学生として、ドイツ連邦共和国のフライブルク大学、ハンブルク大学、ベルリン自由大学に留学。東京学芸大学教授を経て現職。

音楽史や音楽鑑賞教育に関する著書に、『バッハキーワード事典』（春秋社）、『音楽用語ものしり事典』（アルテスパブリッシング）、『西洋音楽史100エピソード』『音楽再発見100エピソード』（教育芸術社）、編著書に『はじめての音楽史』（音楽之友社）、『キーワード150音楽通論』（アルテスパブリッシング）、『音楽史を学ぶ』（教育芸術社）、翻訳書に『ティーチング・アーティスト：音楽の世界に導く職業』（水曜社）、『音大生のキャリア戦略：音楽の世界でこれからを生き抜いてゆく君へ』（春秋社）などがある。

楽譜制作　：　株式会社スタイルノート
イラスト制作：　コミックスパイラる　井上秀一
写真　：　PIXTA

新しい音楽鑑賞：知識から体験へ

発行日　2019年2月15日　初版第一刷発行

著　者　久保田 慶一
発行人　仙道 弘生
発行所　株式会社 水曜社
〒160-0022 東京都新宿区新宿 1-14-12
TEL03-3351-8768　FAX 03-5362-7279
URL suiyosha.hondana.jp/
本文 DTP　小田 純子
装　幀　中村 道高（テトメ）
印　刷　日本ハイコム 株式会社

ISBN 978-4-88065-457-7　C0073